Über dieses Buch Unsere Gesellschaft entwickelt sich langsam, aber sicher zu einer Gesellschaft von Alleinstehenden, »neudeutsch« Singles genannt, die noch, permanent, vorübergehend oder endgültig ihr Leben allein meistern. Im Berufsalltag hat die Single-Frau ihren festen Platz erobert, doch was geschieht, wenn sie aus dem Netz aus Arbeit und sonstigen Verpflichtungen herausfällt, das heißt, wenn der heute immer längere Urlaub ins Haus steht? Wer sich nicht ständig Gruppen anschließen will, fährt mit der Freundin oder der Kollegin, die sich bei ausgiebigem Zusammensein oft als ganz anderer Mensch erweist als zu Hause. Endgültige Zerwürfnisse sind oft die Folge.

Die Autorin, Neu-Single nach zwanzigjähriger Ehe, erzählt in diesem Buch, wie es dazu kam, daß sie sich eines Tages allein auf den Weg machte und nicht nur andere Länder und Menschen, sondern vor allem sich selbst als durchaus akzeptablen Urlaubspartner kennenlernte.

Mit einer gehörigen Portion Selbstironie schreibt sie, wie sie zu dem Entschluß kam, was sie im Hotel, im Wald und am Strand erlebte und empfand, wie sie graue Tage überstand und Höhepunkte voll auskostete. Ganz offen gesteht sie ihre Ängste ein und zeichnet sensibel und dabei selbstkritisch den Weg zu einer Art von Freiheit, die nicht in Außenseitertum, sondern in einer neuen Form von Mitmenschlichkeit mündet.

Zwischen den Kapiteln spricht die Autorin die Leserin in Kurzkursen zum jeweiligen Thema direkt an, um sie nicht nur an ihren Erlebnissen teilnehmen zu lassen, sondern zu eigenen Versuchen in dieser Richtung zu ermutigen.

Die Autorin Susi Piroué ist gelernte Verlagsbuchhändlerin. Sie hat zwei erwachsene Söhne, war Redakteurin, Übersetzerin und Sachbuchautorin und lebt heute als Buchhändlerin in München. Verfasserin von Koch- und Weinbüchern.

Susi Piroué

Vom Vergnügen, mit sich selbst zu reisen

Als Single-Frau auf Solo-Trip

Fischer Taschenbuch Verlag

Die Frau in der Gesellschaft
Lektorat: Ingeborg Mues

26.–35. Tausend: September 1991

Originalausgabe
Veröffentlicht im Fischer Taschenbuch Verlag GmbH,
Frankfurt am Main, Juni 1991

Umschlaggestaltung: Friederike Simmel, Frankfurt am Main
Umschlagfoto: Antonius
Gesamtherstellung: Clausen & Bosse, Leck
Printed in Germany
ISBN 3-596-10632-X

Inhalt

Für Hugo, meinen Vater

Moi, je ne suis jamais seul avec ma solitude...

Georges Moustaki

Zueignung

Ich schreibe dieses Buch für alle, die allein reisen, weil sie die Welt nicht als Museum betrachten, sondern sich selbst und andere hautnah erfahren wollen.

Ich schreibe nicht für die, die schon alles gesehen, gehört, erlebt haben und die trinkend und knabbernd die Welt vor dem Fernsehschirm vom Sessel aus abhaken.

Ich schreibe für alle, die den Mut haben, sich aus ihren Verflechtungen zu lösen, die sich preisgeben und öffnen für alles, was draußen auf sie zukommt.

Ich schreibe nicht für die, die sich verschanzen, sei es hinter ihrem Geld oder ihrer Stellung in der Gesellschaft.

Ich schreibe für alle Neugierigen, für die jeder Tag einzig und unwiederholbar ist und die jeden Tag wie ein neues Leben begrüßen.

Ich schreibe nicht für die, die gelangweilt und müde abwinken, da sie Kathedralen, Museen, Länder, Menschen längst für sich erledigt und mit zu Hause verglichen haben, den Loch Lomond mit dem Tegernsee, die Ostseeküste mit der Sahara, die Hochhäuser von New York mit Frankfurt – denn sie werden sich allein überall langweilen.

Ich schreibe für alle Ängstlichen, Sensiblen, die jeden Schritt aus ihrer festgefügten Umgebung ertasten müssen. Die Lauten, Fordernden, die immer etwas zu kommentieren wissen, werden dieses Buch sowieso nicht lesen.

Ich schreibe für alle, die einen Tag an sich vorüberziehen lassen können und dabei jede Stunde willkommen heißen.

Ich schreibe nicht für jene, die ihre Zeit totschlagen, denn sie lassen ein Leichenfeld ungelebter Stunden hinter sich.

Ich widme dieses Buch in allererster Linie den Frauen, die es wagen, aus unseren Zwängen auszubrechen, die in die Welt reisen und dabei ruhig und bestimmt allein auftreten – ecce femina.

Warum ich dieses Buch schreibe

Wien, Heldenplatz, Mai 1988. Ich sitze spät in der Nacht auf einer der vielen Bänke dieses herrlichen weiten Platzes. Mein erster Abend in dieser Stadt. Mein erster Urlaub allein. Vor mir die mächtige Burg, die Fiaker, Touristen. Liebespaare überall, Rentner paarweise mit Frau oder mit dem Hunderl. Ich sehe, ich höre, ich schmecke die warme Luft dieser Frühlingsnacht. Ich atme tief durch, höre Laute, sehe Nuancen, die mich in dieser Intensität nie vorher erreicht haben. Frei, denke ich, und es fällt mir in Abwandlung des Titels eines von mir geliebten Theaterstücks ein: Süßer Vogel, Freiheit...

Ich zücke mein Notizbuch und schreibe, schreibe alles auf, was ich denen mitteilen möchte, die nicht bei mir sind... Ich denke an die vielen, die allein sind wie ich – ob mit oder ohne Partner. Ich möchte ihnen erzählen, wie gut es ist, Gedanken zu Ende zu denken, auszukosten bis zur Neige, ganz zu sich selbst zurückzukehren.

Gegen Mitternacht ist mein Büchlein fast voll. Nein, allgemein verbindliche Ratschläge kann ich wohl kaum geben, ich bin selbst noch auf der Suche, stehe am Anfang eines Weges, der mich weit führen soll. Doch ich kann und will berichten, Zaudernde ermutigen. Daher habe ich am Ende eines jeden Kapitels die Ratschläge zusammengefaßt, die ich mir selbst gebe. Als Denkanstöße für euch, meine Leserinnen.

Nach einem Vierteljahrhundert der festen Bindungen bin ich allein, die Kinder sind erwachsen, der Mann weit fort. Von meinen ersten und späteren Erfahrungen möchte ich berichten, von den zaudernden und mutigen Schritten einer nicht mehr jungen Frau in eine für sie neue Welt.

Das »Glücksgefühl vom Heldenplatz« habe ich inzwischen immer wieder gesucht und gefunden. Niemand kann es mir nehmen, denn ich habe es nur mir allein zu verdanken, und darauf bin ich stolz. So paradox es vielleicht klingen mag – ich möchte, daß dieses Buch bald »überholt« sein wird, dann nämlich, wenn frau allein dort sitzen und ihren Tag verbringen kann, wo es ihr Freude macht, ohne angestarrt oder angemacht zu werden – wenn sie es nicht will.

Hoffentlich werden meine Enkelinnen eines Tages über Omas Probleme lächeln. Vielleicht erfahren sie noch, daß es einige wenige waren, die damit begonnen haben, so wie die ersten Studentinnen oder die ersten Wählerinnen.

Teil I
Wie es dazu kam

Als mein Mann vor Jahren nach langem Zusammensein fortging, war für mich das Leben vorerst zu Ende. Ich hatte meine Identität von einem Tag auf den anderen verloren, weil ich nicht nur durch den Namen, sondern mit Fleisch und Blut in meiner Rolle als Ehefrau und Mutter aufgegangen war. Meine Arbeit war kein Beruf, ich war berufstätig (Männer sind nie berufstätig, sie machen Karriere, gehen zur Arbeit, schuften oder malochen, je nach sozialer Stellung und innerer Einstellung), mein Einkommen war ein Zubrot und mein Wagen selbstverständlich ein Zweitwagen. Dennoch war es eine schöne Zeit gewesen, voller Kinderlachen und Freundesbesuchen, voll Zärtlichkeit und Liebe. Ein ausgefülltes Frauenleben des ausgehenden 20. Jahrhunderts. Es hätte ruhig so weitergehen können bis zu den ersten Runzeln, den ersten Enkeln und einer angemessenen Bestattung im engsten Familienkreis am Ende dieser ruhmreichen Laufbahn.

Es kam anders, ich brauchte lange, um zu verstehen, daß ich diese Situation mit vielen anderen, weit liebenswerteren und hübscheren Frauen teilte. Ausgerechnet in dieser Zeit gingen die Kinder ihrer Wege, das Nest wurde leer. Ein Glück, daß die Freunde blieben. Der Alltag pendelte sich ein, die Sonntage wurden allmählich erträglich. Nur die »schönste Zeit des Jahres«, die Urlaubszeit, lastete schwer auf meiner Seele. Die ersten Ferien verbrachte ich noch mit dem jüngsten Sohn, die zweiten bei meiner besten Freundin in Amerika. Im dritten Jahr, als ich den Kopf wieder zwischen den Schultern trug, mußte ich endlich Farbe bekennen.

Ein gesellschaftlicher Sozialfall werden? Niemals. Schließlich war ich als ganzer Mensch geboren, ohne einen Mann an meiner Seite. Ich wollte mich nicht beugen, nicht auf ewig zu Gruppenreisen verurteilt sein oder ohne Rücksicht auf Verluste an meiner Person und meinem Wohlbefinden nach Reisegefährten suchen.

Nie mehr abhängig, nie mehr unvollständig, ein ganzer Mensch wollte ich wieder werden, meine eigenen Kräfte mobilisieren. Was mich zu dem Entschluß brachte, mich auszuprobieren, und was daraus wurde, schildere ich in den folgenden Kapiteln – zur Ermutigung für all jene, die wie ich so erzogen wurden, daß man sich nach Abschluß der Pubertät schleunigst um einen passenden Ernährer zu bemühen habe, daß man immer hübsch verträglich und pflegeleicht durchs Leben gehen müsse, um all das zu bekommen, was einen weiblichen Menschen zur Frau und damit zu einem voll akzeptierten Mitglied der Gesellschaft macht.

Es war der Anfang eines steinigen Weges mit Gefällstrekken und steilen Steigungen, aber auch mit wundervollen Aussichtspunkten.

1. Kapitel

Der Entschluß

Mein Urlaub ist genehmigt, Gott sei Dank! Endlich Erholung, etwas Neues sehen, raus aus dem Trott. Erleichtert sitze ich daheim – und plötzlich spüre ich, wie mein Ego zusammenschrumpft. Ganz klein, zerknittert und ein bißchen gelblich sehe ich es vor mir, kleinlaut und ziemlich mies. Verflixt noch mal! Ich bin diesmal zum erstenmal allein. Der letzte Sohn ist zum Studium abgerückt.

Urlaubsglück? Raus muß ich hier. Doch zum Single wird man nicht geboren. Gereist ist man mit den Eltern, mit dem Mann, den Kindern. Immerzu eingebunden, immerzu hieß es: Was machen wir? Doch was mache *ich*? Wer bin ich denn eigentlich so ohne etwas herum wie der »Lattenzaun ohne Zwischenraum« aus dem bekannten Gedicht von Morgenstern? Die Welt und besonders die Urlaubswelt sieht nur Menschen in Form von Sets vor: den Mann-Frau-Set, den Eltern-Kinder-Set, den Mann-Freundin-Set, den Frau-Freund-Set, den Frau-Frau-Set und so weiter und so weiter, wie im Supermarkt, wo man ja auch kaum noch einen Lippenstift kaufen kann, ohne den passenden Nagellack oder das passende Toilettenpapier mit zu erwerben.

Doch ich bin kein Set, nur ein Einzelstück, ein Restposten der Gesellschaft. Mein Ego stöhnt schmerzlich und wird gleich noch ein bißchen schrumpeliger.

Für heute gebe ich auf und verfüge mich ins Bett. Dabei stelle ich mir Natur vor – schöne grüne Wälder, gleißend gelbe Strände, unbekannte Städte mit gelassen flanierenden Menschen. Unerreichbar für immer – wie der Mond, der sogar eher noch in greifbarer Nähe zu schweben scheint.

Beim Einschlafen beschließe ich mit letzter Kraft, mich von meinen »einschichtigen« Freunden und Freundinnen beraten zu lassen.

Was ich in den folgenden Tagen zu hören bekam, klang kurz und bündig etwa folgendermaßen:

»Mein Gott, du armes Würmchen, fahr halt mit mir. Du hast ein Auto, ich nicht. Paßt doch, oder? Ich kann sowieso nicht allein fahren. Überall Pärchen, ich sag dir's. Unmöglich, als Frau allein kann man einfach nicht fahren. Ich stell' mir vor Sonne-Strand-Meer und wir zwei. Mit deinem Auto.« Ego zuckt zusammen. »Na ja, wenn du gern Chauffeur spielst...«

»Ach weißt du, ich such' schon lange jemanden, der mitfährt. Malgruppe, Meditation. Allein fahr' ich da nicht hin. Wer weiß, wie die anderen sind. Verstehst schon, was ich meine? In der Gruppe muß man stark sein. Also, wann brechen wir auf?« Ego wird noch eine Spur gelblicher. Mag nicht meditieren, auch nicht mit Susanne oder Fritz – überhaupt nicht.

Meine bildschöne, rasend intelligente Freundin Rosalinde sitzt mir strahlend gegenüber. »Du, das ist ja toll! Du fährst mal weg, hätte ich nicht gedacht von dir Arbeitstier. Ich fahre nämlich auch. Super! Da machen wir zwei einen drauf. Spanien ist dir doch recht?? Mit dir fahre ich gern. Du bist so verträglich, mit dir...« Sie mustert mich. »Ja, mit dir könnte ich! Toll, ruf mich an! Ist alles schon gebongt!« Du lieber Himmel, das kenne ich. Zu Rosalinde passe ich hervorragend – als Staffage für ihre Schönheit, ihren Glanz. In meiner Gegenwart kann sie feurige Blicke aussenden. Und wenn's paßt, wunderbar – tschüß, bis später – rauscht sie davon. Ich kümmere mich solange um das Gepäck, verschiebe das Abendessen. Zuverlässig. Ja, das bin ich. Ego schrumpft zu einem häßlichen Kofferträger mit langer Nase. Ja, so sehe ich mich. Langnasig, langohrig, nur nicht so langbeinig wie sie.

Ein wohlmeinender Freund (männlich): »Bleib doch mal daheim. Du bist doch sowieso dauernd unterwegs für die Firma. Wohn doch mal in deiner Wohnung. Kannst mal aufräumen, Bücher zum Beispiel. Ich komm' dich auch besuchen. Wir trinken gemütlich Kaffee miteinander, und dann helfe ich dir beim...« Es folgt eine Reihe von mir ungeliebter Tätigkeiten: Teppich shampoonieren, Briefmarkensammlung, Fotos, Bankauszüge, Archiv, Briefe sichten, ordnen, ordnen, ordnen... Ego bäumt sich auf, rüttelt an den Gitterstäben, droht, die Fenster einzuschlagen, die Möbel umzuwerfen, Unordnung, Unordnung...

Nein, so geht es nicht weiter. Wir sind verfeindet, Ego macht Revolution, steigt auf die Barrikaden, tobt und meutert.

Das nächste Angebot kommt von einer Fitneßwütigen (»...vor dem Frühstück eine halbe Stunde Waldlauf, schwimmen, radeln, Diät... fünf Kilo müssen runter...«), das übernächste von einem Frühaufsteher (... »ich verschlafe doch nicht meinen ganzen Urlaub...«), eines von einer Sumpfblüte (»...in XYZ gibt's Discos, irre...«), eines von einem Muttersöhnchen (»...ich brauch' jemanden, der mich betreut – schon das Kofferpacken schaffe ich nie...«).

Auf dem Schreibtisch liegen Zeitschriften und Bildbände mit farbigen Reiseberichten. Meer, Palmen, Berge... für einen Menschen der westlichen Hemisphäre gibt es keine Grenzen. In meinen Alpträumen donnern Schnellzüge, pfeifen Jets, stampfen Kreuzfahrtschiffe. Die ganze Welt auf dem Trip. Wie mag das wohl von oben aussehen?

Ich nehme mir einen Stuhl, setze mich in die Wolken und sehe mir die Wanderbewegung von oben an. Und was erblicke ich da? Mein Ego sitzt breit, rosig und gemütlich irgendwo auf der Welt und läßt es sich wohl sein. Ja, wohl sein, das war es doch, was ich suchte. Wohl! Ich lasse das weiche, wonnige Wort auf der Zunge zergehen.

Wohl. Klingt wie warm und weich – wie Wolle.

Womit ist mir wohl?

Nichts wird geordnet, nichts sortiert, ich bleibe bei mir und nehme mich selbst mit in die weite Welt. Draußen rauscht ein warmer Frühlingsregen. Ego grinst mich feist und triumphierend an.

Wir packen es! Wir beide, Ego und ich, und niemand sonst!!

Intermezzo: Kleiner Kurs für Unentschlossene

Situation: Du lebst allein, oder du hast einen Partner, der nicht mit dir in Urlaub fahren kann oder will. Du bist noch nie allein gefahren.

Notiere alle deine Urlaubsgewohnheiten.

Unterstreiche alle Gewohnheiten, die dir lieb und teuer sind.

Streiche alle Gewohnheiten, die du schon länger ablegen wolltest oder auf die du zur Not verzichten könntest.

Nimm deinen Freundeskreis unter die Lupe. Welcher deiner Freunde oder welche deiner Freundinnen käme für einen gemeinsamen Urlaub in Frage?

Ist dein möglicher Urlaubspartner anpassungswillig? Ist er es vielleicht zu sehr?

Wie weit kannst du oder willst du zurückstecken?

Neigst du dazu, deine Bedürfnisse zu verschweigen und es deinem Urlaubspartner insgeheim anzukreiden, wenn du sie nicht ausleben kannst?

Hast du mit deinem möglichen Urlaubspartner schon mehr als gemeinsame Arbeitsstunden oder fröhliche Abende verbracht?

Teste dich selbst: Fahr ein langes Wochenende mit dem möglichen Urlaubspartner weg. Fahr ein ebenso langes Wochenende mit dir allein weg. Vergleiche deine Lust- und Unlustgefühle.

Sei dir gegenüber ganz ehrlich – es ist keine Schande, nicht allein sein zu können.

Wage den Sprung erst, wenn du dich selbst für ausreichend liebenswert hältst, um dich als Urlaubspartner voll akzeptieren zu können.

Fazit: Geh in dich, und du wirst einen Menschen antreffen, auf den du dich voll verlassen kannst.

2. Kapitel

Wohin des Wegs, Madame?

Der Entschluß ist gefaßt. Wie ein Möbelstück steht er im Raum, unverrückbar und genauso sperrig. Ego liegt matt herum, und ich schleiche mich täglich an dem Entschluß vorbei. Versuche, an anderes zu denken. Stolpere immer wieder darüber. Drei Wochen habe ich noch Zeit, um mich mit meinen Ängsten anzufreunden. Ich werde sie mitnehmen. Wahrscheinlich brauche ich sie noch irgendwo auf meinem Trip in die weite Welt. Niederknüppeln will ich sie nicht, sondern mich ganz mitnehmen.

Doch all das bringt mich nicht an mein Reiseziel. Was nützt mir ein Mensch mit einem matten Ego und aufgepackten Ängsten, ein ganzer Mensch also und dennoch ein zielloser? Eine Woche ist vergangen seit dem unverrückbaren Entschluß. Neugierige Fragen meiner Freunde treiben mich eines Tages in ein Reisebüro, wo mir die ganze Welt vor die Füße geworfen wird. Da liegt sie nun, rund wie ein Fußball, erreichbar ist alles.

Ein bißchen Afrika gefällig, oder soll's mehr asiatisch sein, USA sind ungeheuer in... Warm, kalt, grün, sandig... Städte, Meere, Strände, Urwälder, Inseln, Gebirge breiten sich vor mir aus – ordentlich verpackt in Prospekte, die alles, auf Paßfotogröße reduziert, gleich aussehen lassen.

Im Laden stehen vor mir zwei junge Mädchen. Sie verlangen gelangweilt: Sonne – egal wo. Preislage so um die soundsoviel. Irgendwo. Nur heiß soll's sein. Ein Urlaub nach Celsiusgraden. Für dreißig Grad legt man ein Bündel vom Selbstverdienten oder Ersparten auf den Tisch. Eigentlich sehen sie traurig aus, die beiden. Gelangweilt. Wo werden sie sich wohl anöden? Wo werden sie ihre Erlebnisse suchen?

Letztendlich werden sie sich einreihen in die Scharen von

traurigen Nomaden, die alljährlich die Sonnenländer wie Heuschrecken überziehen. »Hängegesichter« hat mein Sohn diese Bedauernswerten genannt, die mit Turnschuhen und hochgepackten Rucksäcken an Stränden entlangziehen, ziellos durch Städte latschen und am Ende bestenfalls mit leuchtender Gesichtsbräune wieder auf ihren Bürostühlen oder Schulbänken landen. Bewundert von ihren Kollegen, die einige Wochen oder Monate zuvor das gleiche Bild von Wohlstand und Sorglosigkeit geboten hatten.

Ich verlasse das Reisebüro mit einem Stoß von einschlägigem Material, gieße mir zu Hause einen Rotwein ein und verfalle ins Grübeln.

Wohin allein?

Die Prospekte zeigen nur makellose Paare vor irgendeinem Swimmingpool vor irgendeiner Kulisse. Der Pool ist grünblau, ein paar Palmen winken im Hintergrund, der Himmel ist azurblau, keine Wolke, kein Regen, kein Haus, kein Einheimischer, manchmal eine Betonburg im Hintergrund, manchmal ein Bungalow mit einem Strohdach, der Folklore signalisieren soll.

Ein Bild drängt sich mir auf: Vor einigen Jahren, als die Kinder noch Kinder waren, wurde ich auf Dienstreise in eine deutsche Messestadt geschickt. Es war nach vielen Jahren mein erster Kurzausflug heraus aus dem Nest der Familie. Ich befand mich in einem kargen Einzelzimmer, das in vielem einer Gefängniszelle glich, nur der Kübel war durch eine vergleichsweise komfortable Naßzelle ersetzt.

Wie ein zerzauster, aus dem Nest gefallener Vogel hockte ich damals auf meinem Bett und fühlte mich ausgestoßen. Sehnsucht hatte ich nach Mann und Kindern, konnte die Stille nicht genießen. Kein Stuhl, kein Schreibtisch, kein Radio. Nur das Notwendigste. Aufbewahrt für eine Nacht, nicht aufgehoben.

So nicht... das war mein einziger Gedanke. So nicht und so nicht und so schon gar nicht...

Ich trinke ein weiteres Glas und schiele nach Ego. Es blinzelt mir aufmunternd zu.

»Hallo, ich bin doch auch noch da. Ich bin nicht nur jemand, sondern ich bin du. Vergiß mich nicht. Eigentlich hätte ich schon länger eine bessere Behandlung verdient. Wird Zeit, daß du damit anfängst, sonst verdufte ich, und dann siehst du ziemlich alt aus, nicht nur einsam und allein.«

»Kannst du gar nicht, denn du bist ja ich.«

»Überleg mal«, meint Ego grinsend und lümmelt sich auf der Couch. »Wie viele Jahre hast du überhaupt nicht nachgedacht über mich, hast mich vernachlässigt, regelrecht verkümmern lassen, unlebendig war ich, ganz schrumpelig. Weil du absolut kein Egoist sein wolltest.«

»Will ich immer noch nicht«, grolle ich. »Und außerdem hatte ich Wichtigeres im Kopf, Kinder, Mann, Beruf, Freunde...«

»Ja, und ich wäre damals fast im Fundbüro gelandet wie ein unmoderner Regenschirm oder sonst ein ungeliebter Gegenstand. Und jetzt stehst du da und kennst dich selbst am wenigsten. So wenig, daß du dich nicht einmal traust, dir eine Traumreise mit mir zu gönnen.«

»Trau mich wohl.«

»Ach, schau dich doch einmal an. Du bist ein erwachsener Mensch, hast gesunde Glieder und einen einigermaßen wachen Verstand – und mich. Häng doch nicht rum wie ein Trauerkloß. Mein Gott, wie häßlich du bist, wie langweilig, wie uninteressant. Willst du mich denn aufgeben? Gut, ich verzupfe mich wieder für die nächsten Jahre. Ich rolle mich ein, piepe nicht und lasse dich eingehen...«

Ich springe auf. Jetzt reicht's. Ich feige? Ich ein Trauerkloß? Das hat gesessen.

»Wir könnten Freunde werden«, höre ich durch meine Wut hindurch.

»Waren wir das nicht?«

»Manchmal schon, aber dann hast du dich immer wieder vergessen, ein Altruist der alten Schule – nur nicht Egoist, nur nicht auf dich selbst hören, immer auf andere. Ich mache dir ein Friedensangebot: Willst du nicht eine Egophile werden?«

»Was soll denn das sein?«

»Ein Egoist ist ein Mensch, der nur an sich selbst denkt und seine Mitmenschen übersieht, ein Egophiler dagegen ist mit sich selbst gut befreundet, aber auch mit anderen Menschen. Er sieht sich und die Welt in einem Einklang.«

»Der Gedanke gefällt mir. Darüber werde ich im Urlaub nachdenken. Aber jetzt sage mir, lieber Freund Ego, wohin soll ich mit dir, das heißt mit mir? Soll ich mich vielleicht in einem blöden Hotelzimmer mit oder ohne Bad einbunkern lassen und mich tödlich langweilen? Hier habe ich drei Zimmer und alle meine Bücher, meine Platten und meine Unordnung, meinen Schreibtisch, mein Telefon, meine unerledigte Steuererklärung und noch viele schöne Spielsachen, die der moderne Mensch braucht, um seine Zeit nutzbringend zu verschwenden.«

»Nutzbringend verschwenden ist sowieso Quatsch.«

»Na schön, du meinst, man soll seine gezählten Lebenstage nie verschwenden, das ist nicht ego-like. Aber warum muß ich denn überhaupt von hier weg?«

»Du mußt überhaupt nicht. Aber du solltest dir eine Reise gönnen, damit du einmal zu dir selbst kommst, damit du einmal das Korsett, bestehend aus Besorgungen machen, Wäsche waschen und bügeln, Wohnung aufräumen, Freunde besuchen, Freunde empfangen, Kurse besuchen, Briefe erledigen und so weiter, ablegst und frei turnen lernst. Damit erweiterst du deinen Horizont, erlebst dich selbst in einer neuen Umgebung und spiegelst dich in fremden Gesichtern. Ein Tanz auf dem Drahtseil ohne Netz, aber sehr reizvoll, und wenn du es klug anfängst, auch nicht gefährlich.«

»Und wenn ich mich tödlich langweile?«

»Da sieht man wieder, daß du dich überhaupt nicht kennst. Ich bin nämlich ein glänzender Alleinunterhalter, und ich bin immer bei dir.«

Sollte ich meine Kräfte bis dahin unterschätzt haben? Doch meine Selbstzweifel sind nicht so leicht zu besiegen. Immerhin habe ich sie im Laufe meines langen Lebens mehr oder weniger mühsam erworben. Ich greife nach einer Illustrierten, lese einen Leserbrief im Kummerkasten zum dreißigsten Mal durch und halte ihn triumphierend meinem frechen Ego unter die Nase.

»Da, schau mal, was in der Zeitung steht. Schreibt doch eine frisch getrennte Frau, daß sie drei Wochen allein Urlaub auf Mallorca gemacht hat. Sie hat sich ein schönes Hotelzimmer gemietet, sie hat schönes Wetter gehabt, und doch hat sie die Tage bis zur Heimkehr gezählt...«

»Die hat ja auch alles verkehrt gemacht.«

»Wieso denn?«

»Laß uns doch die Sache gemächlich angehen. Wir müssen nicht irgendwo abgeworfen werden, noch dazu in einem Land, in dem uns die Sprache fremd und eine vorzeitige Rückkehr unmöglich ist.«

»Du meinst also, die Frau in der Zeitung hat alles falsch gemacht?«

»Ach weißt du, falsch – richtig, das muß jeder mit sich selbst und seinem Ego ausmachen. Ich wette, sie ist einfach losgedüst oder losgejettet und hat nicht auf ihr unterprivilegiertes, unterdrücktes, gefoltertes Ego gehört.«

»Jetzt wirst du melodramatisch. Nimm dich nicht so wichtig.«

»Tu ich doch. Denn sonst kannst du nicht mein Freund sein.«

»Normal ist es nicht, daß man immerfort an sich denkt. Schließlich bin ich ein soziales Wesen.«

»Sollst du auch bleiben. Aber du fliehst ja vor dir selbst. Denk doch einmal daran, wie mühsam ich mir bei dir Gehör verschafft habe. Jahrzehntelang habe ich versucht, mich zu melden. Es war zum Heulen mit dir.«

»Und mit der Frau wahrscheinlich auch«, lenke ich ab. »Die Arme, wie schrecklich muß sie gelitten haben. Geld futsch, Urlaub futsch, Lust futsch.«

»Jetzt hör endlich auf«, Ego ist blauviolett angelaufen. »Sei froh, daß du den Leserbrief gefunden hast. Wir nehmen ihn jetzt Punkt für Punkt durch. Nach Spanien fahren wir auf keinen Fall.«

»Warum denn nicht, ist doch schön warm.«

»Warm, warm, warm«, tobt Ego. »Wir fahren im Sommer, und schließlich gibt es noch mehr als Wärme auf der Welt. Mit Wärme allein langweilst du dich sicher. Du stehst morgens auf und schwitzt. Du sitzt mittags schwitzend beim Essen, und nachts plumpst du zuerst einmal schweißnaß in die Badewanne und dann immer noch ächzend ins Bett. Kann man sich mit Wärme amüsieren?«

»Ach, amüsieren soll ich mich auch noch alleine?«

»Klar, aber darüber reden wir später. Wir suchen uns zuerst einmal ein schnuckeliges Plätzchen auf dieser Welt, wo wir wohlig wandeln können.«

»Wohlig wandeln, nun wirst du wieder kitschig. Reiß dich zusammen«, knurre ich beim dritten Glas Wein.

»Genau das werden wir nicht tun. Kein Stemmen, Drükken, Reißen. Keine Gewalt – vor allem nicht gegen uns.«

»Gut, also dann nicht Spanien. Bleiben wir auf dem Teppich oder zumindest auf der Erde. Fürs erste Mal.«

»Bravo!!! Endlich etwas kapiert.«

»Das System der kleinen Sprünge also. Eine Grenze genügt fürs erste, die eigene Sprache...«

»Toll, du bist lernfähig, wir werden einen Superurlaub erleben.«

»Englisch kann ich auch und französisch...«

»Geh behutsam mit dir um. Ich muß ja auch erst lernen, dich ungefügen Koloß durch die Lande zu schieben. Mach es mir nicht zu schwer.«

Flehend sieht Ego mich an, und plötzlich gewinne ich es lieb, ein erster Schritt zur Freundschaft – zur wahren Egophilie? Es ist spät geworden. Ein reicher Abend mit meinem Motz-Ego liegt hinter mir, noch ist nichts verloren. Der Reiseweg erhellt sich allmählich. Ich werde bescheiden und klug planen, damit Ego keinen Dauerschaden erleidet. Es ist sowieso ganz schrundig und zerkratzt.

Langsam juckt mich die Herausforderung, der »süße Vogel Freiheit« sitzt vor dem Fenster und pickt gegen die Scheibe.

»Laß ihn herein«, sagt Ego frech. »Laß die Düsenreisen düsen, wir vertrauen uns diesem altmodischen Biest an. Das stürzt nicht ab, dafür sorge ich...«

Die Prospekte wandern sorgsam gebündelt in einen Karton. Aufschrift: Später.

»Lust«, denke ich, »Lust, wohin treibst du mich?«

»Freude«, träume ich, »Freude, wo führst du mich hin?«

Natur, Wälder, Seen tauchen auf in Sonne und Regen. Aber auch meine Bücher, meine Musikcassetten. Langsam erwache ich zum Leben. Wandern, baden, lesen, Musik hören – kein schlechtes Programm. Gerade recht für einen Single wie mich.

Das Nachbarland wird mein Ziel sein. Ein klitzekleines Dorf im Osten nahe der ungarischen Grenze. Kein Fremdenverkehr, dafür herzliche Wirtsleute in einem Gasthof, wo wir als Familie schon viele schöne Wochen verlebten. Vertraute Berge, ein großer See in der Nähe und für graue Tage die Großstadt mit Leben und Betrieb, Kino und Theater, engen Gassen und angenehmen Caféhäusern, in denen man stundenlang schmökern kann – im eigenen Buch oder in der hauseigenen Zeitung.

Ego döst zufrieden in der Sofaecke, schweigt.

Ein kurzes Aufbäumen meinerseits: »Protzen werden wir mit so einem Unternehmen wohl kaum, aber für den Anfang...«

»Willst du protzen oder willst du reisen?« Ego läuft schon wieder gefährlich lila-grün an.

Lassen wir es für heute so stehen, und leben wir ein paar Tage mit diesen Plänen. Sie reifen, werden farbiger, bunter. Da war doch noch so vieles zu entdecken: ein Seitental, das Dreiländereck, eine alte Burg, eine Ausgrabung, eine Schlucht... Ja, ja, dies will ich und nichts anderes.

Die Wochen vergehen in Vorfreude und Bangen.

Ein Stück Welt für mich und ein Stück Zeit für mich – ein Stück Leben, das ganz mir gehört: es paßt.

Situation: Du hast dich nach reiflicher Überlegung entschlossen, allein zu reisen. Das Angebot erdrückt dich, und auf der anderen Seite hast du Angst vor der Leere in der Ferne.

Schließ die Augen und laß die Länder, Meere, Gebirge, Wiesen und Wälder in deiner Phantasie Revue passieren. Du wirst auf der Gedankenreise erleben, wie dir ab und zu warm ums Herz wird.

Schreib alle Ziele auf, die bei dir dieses Wohlgefühl hervorrufen.

Laß dir jetzt viel Zeit. Träume mal in diese, mal in jene Richtung. Den nächsten Schritt solltest du erst tun, wenn dir die Richtung innerlich schon klar ist.

Schalte jetzt das Gehirn dazu und notiere deine Vorlieben und Fähigkeiten. Was kannst du gut, was tust du gern, was möchtest du lernen oder ausprobieren – gerade allein? Du wirst erstaunt sein, was alles so in dir schlummert.

Unterzieh deine Sprachkenntnisse einer kritischen Prüfung. Es ist nicht gerade ermutigend, taub und stumm durch die Lande zu ziehen. Du wirst dich leicht isoliert fühlen. Unterhaltungsmöglichkeiten wie Kino, Theater, Radio, Fernsehen, Gespräche mit Einheimischen entfallen, wenn du die Sprache nicht verstehst.

Nimm jetzt erst die Prospekte der Reiseveranstalter zur Hand. Laß dich nicht durch Schlagzeilen wie »für junge Leute, Paare und Familien« irritieren. Du wirst dort willkommen sein, wo du hin paßt.

Vorsicht vor Fernreisen! Als Anfängerin solltest du den Schritt lieber etwas zu kurz wählen. Meide vor allem Länder, in denen die gesellschaftliche Struktur alleinreisende Frauen nicht duldet. Dazu gehören vor allem die arabischen Länder. Einige lassen alleinreisende Frauen gar nicht über die Grenze. Diese Länder kannst du immer noch mit einer Gruppe besuchen.

Nimm dir beim erstenmal nicht zuviel Zeit. Es ist besser,

wenn du mit einem leichten Bedauern heimkehrst. Die Lust zur Wiederholung stellt sich dann ganz sicher ein. Und wenn du erst einmal süchtig bist, erweitert sich der Radius von allein.

Fazit: Du brauchst dich in keiner Weise zu überfordern. Es sieht dir keiner zu. Überlaß den Streß dem Alltag, und laß dich genüßlich in deine Urlaubswelt treiben.

3. Kapitel

Sack und Pack

»Wäre ich nur eine Schnecke!« Zwei Tage vor dem Start entringt sich mir dieser Stoßseufzer.

»So langsam oder so wohlschmeckend?« Klaus-Carl, mein alter Jugendfreund, schlürft seinen Kaffee, verdrückt ein weiteres Nußhörnchen und grinst mich an – in meinen Augen höhnisch.

Verzweifelt deute ich auf meinen Koffer, der mit offenem Maul in der Ecke steht.

»Ah so, du willst alles mitnehmen...«

»Blöder Hund«, knurre ich wie ein Schäferhund kurz vor dem Zuschnappen.

»Die Wandergesellen früher haben ja auch ihre gesamte Habe dabeigehabt«, verteidigt sich der Gute etwas hilflos, »die Devise lautete: omnia meum mecum porto...«

»Ja, ja, weiß ich schon, die hatten ihre ganze Habe in einem Bündel, aber du vergißt, daß ich mich nicht auf Wanderschaft begebe, sondern in Urlaub fahre... und das auch noch allein.«

»Selber schuld, hättest mich ja mitnehmen können«, kontert der liebe alte Freund. »Ich packe immer nur zwei Paar Jeans, zwei T-Shirts und Rasierzeug ein und sonst nichts – schon weil ich das Kofferpacken hasse. Alles andere kaufe ich vor Ort. Außerdem fahre ich niemals allein weg.«

»Ach, ich denke, ihr Männer seid so superselbständig? Schließlich könnt ihr doch überall hin, in alle Länder, in alle Kneipen.«

Ich setze mich mit dem Rücken zu meinem Koffer und sehe Klaus-Carl herausfordernd an.

»Nee«, meint er, »nee, nee, mir wäre todlangweilig. Kneipen sind entsetzlich öde. Man hockt am Tresen, läßt sich vollaufen wie all die anderen Männer, die da sonst noch herumhängen, und versucht, ab und zu einmal einen feurigen Blick von der amtierenden Barfrau zu erhaschen. Trostlos, sage ich dir. Außerdem brauche ich dringend jemanden, der sich um mich kümmert – nicht nur um die beiden Jeans und die T-Shirts. Ich wiederhole noch einmal, fahr mit mir.«

»Und ich wiederhole noch einmal, ich mache keine Dienstreise!«

Jetzt guckt Klaus-Carl ein bißchen dämlich aus seinem frisch gestärkten Hemd.

»Ich mache Urlaub, verstehst du, ich kümmere mich um mich. Zum erstenmal in meinem Leben. Und ich will mich weder um deine Seele noch um deine Jeans kümmern. Um gar nichts. So etwas nennt man friedliche Wiederaufrüstung.«

»Weiber«, stöhnt Klaus-Carl. »Unbehütet rennen sie durch die Welt. Weißt du denn nicht, was alles passieren kann?«

»Eben wolltest du doch noch beturtelt werden. Schließlich bin ich groß genug, um zur Arbeit zu gehen, mit den entsprechenden Verkehrsmitteln dorthin zu gelangen, mittags für meine Ernährung selbst zu sorgen und abends den Laden hier in Schwung zu halten. Nur wenn ich mich von alldem erholen will, dann brauche ich eine Begleitung, für die ich sorgen soll. Langeweile vertreiben, aufmerksam nach dem Wohlbefinden fragen, wenn dieses nicht so ist, wie es sein sollte, Abhilfe schaffen.«

Uff, das war eine lange Rede. Ego klatscht leise Beifall.

»Du wirst schon sehen, was du davon hast, wenn du in einem finsteren Einzelzimmerchen mit Hinterhofblick begraben bist und von ferne die Musik aus der Disco hörst. Dann hättest du liebend gern einen bei dir, der es dir gestattet, daß du dich um sein Wohlbefinden kümmerst.«

»Das wird sich herausstellen, ich rufe dich an, wenn ich zurück bin.«

In bin diese Art von Diskussionen leid. Ego liegt platt auf dem Bauch. Es wird Zeit, daß Klaus-Carl seine Probleme einpackt und sie, wenn auch ungelöst, mit nach Hause nimmt.

»Wie unselbständig so ein erfolgreicher Geschäftsmann sein kann«, denke ich beim Abschied.

»Und wie unselbständig bin ich selbst«, gestehe ich mir ein, als ich wieder allein vor dem Koffermaul stehe. »Frische Wäsche kann man immer brauchen, auch Socken, Schuhe, Pullis und Pyjamas. Das neue Kleid? Quatsch, zu auffällig. Das da oder das?«

Ich schiele nach Ego, das sich mühsam rappelt.

»Und meine Sachen?« piepst es.

»Für so ein plattgewalztes Ding wie dich gibt es keine Sachen... Unsere Mode ist nur für runde Formen geeignet«, raunze ich müde.

»Was Weiches täte mir wohl. Weißt du denn immer noch nicht, wie du mich rund kriegst?«

»Klar weiß ich«, meine Antwort klingt nicht sehr überzeugt und daher auch nicht überzeugend.

»Na, denn man los.«

»Meinst du den seidenen Hausanzug oder die Schlamperhose oder die Sandalen, die Peter schon einmal in den Mülleimer werfen wollte?«

Ego ist von einem lieblichen rosa Schimmer überzogen, leuchtet fast von innen. Hoffnung keimt auf.

»Nur die Latschen – ich weiß nicht. Kauf dir doch was Hübscheres – deine Lieblingslatschen für die nächsten Alleinreisen. Wir werden sie voraussichtlich noch oft brauchen, wenn wir zu zweit wegfahren – das heißt du mit dir.«

»Kein übler Gedanke. Ja, und Bücher brauche ich auch noch.«

Mein Gott, was habe ich im vergangenen Jahr alles versäumt. Ich rotiere, prüfe, lese an, bekomme Lust... Lese-Wollust. Das hier und jenes – diese alte Schwarte möchte ich wieder lesen, und diese hier habe ich wegen Übermüdung immer wieder beiseite gelegt. Mit klarem, ausgeschlafenem Kopf eine Wonne, noch einmal einzusteigen. Ein zweiter Koffer muß her. Sein Maul wirkt nicht mehr so bedrohlich.

Als Notnagel fliegen noch die Patiencekarten hinterher. Wenn einmal nichts anderes geht…

»Lesen ist gut, schreiben ist besser«, mahnt Ego.

»Ich will nicht arbeiten.«

»Wer spricht denn von Arbeit? Denk einmal daran, warum deine Freundinnen Ursel und Beate, die Sybille, die Gerda und die Fritzi nicht allein wegfahren wollen. Sie müssen sich mitteilen können, sagen sie, uiii und ooh und schau mal rufen, ihren Partner mit dem Ellbogen schubsen und vor Ort alles bereden, manchmal auch zerreden. Du mußt alles bei dir behalten. Du wirst platzen.«

»Und du mit mir, schrecklicher Gedanke. Also nehmen wir Papier und schöne Schreibgeräte mit, ich liebe Stifte in jeder Ausführung. Harte, weiche, gelbe, grüne, den Füller… Ich werde mir die Finger wund schreiben…«

»Vergiß das Schauen darüber nicht. Es gibt immerhin Leute, die die schönsten Länder lediglich durch den Sucher ihres Photoapparates oder ihrer Videokamera betrachten. Zu Hause sehen sie sich das Land ihrer Träume dann fein in Ausschnitte aufgeteilt an und wundern sich, wo sie gewesen sind. Wir werden alles an Ort und Stelle intensiv betrachten. Ein nahezu revolutionärer Reise-Gedanke.«

Ego bläht sich stolz.

»So neu ist der Gedanke nun auch wieder nicht. Schließlich hat es einmal Zeiten gegeben, in denen es noch keine Photoapparate gab. Gut, einverstanden. Tagsüber schauen, bei Überfülle Notizen machen und abends im stillen Kämmerlein alles noch einmal schreibend genießen.«

Mir brummt der Kopf.

Briefpapier werde ich brauchen. Wieder einmal persönliche Briefe schreiben – nicht rasch telefonieren: »Wie geht's? Mir auch. Und die Familie? Auch gut, na dann, bis bald, ich melde mich wieder…«

Richtige Briefe, keine Karten. Auf den anderen eingehen. Mal sehen, ob es noch klappt.

»Und jetzt noch mein Gepäck.« Ego hält mir ein winziges Täschchen entgegen.

»Was soll denn das nun wieder? Ich habe die Wohnung schon halb ausgeräumt.«

»Da komm ich rein.«

»Du bist doch ich.«

»Ich will aber komfortabel reisen. Du hast nur mich. Und ich will intakt zurückkommen. Du brauchst mich noch bis zu deinem letzten Tag. Es sei denn – du vergißt mich wieder einmal für längere Zeit.«

»Fang nicht schon wieder an. Was soll denn da noch rein? Ich sehe da so komische Fächer.«

»Ganz einfach. Die Mappe ›Geschäftliches‹ machen wir zu und legen sie hier an einen sicheren Platz. Die bleibt da. Deine Sorgen läßt du auch da. Nein, warte mal, ein paar können wir mitnehmen. Die sehen wir uns unterwegs mal in Ruhe an. Aber bitte nicht alle. Sonst werde ich erdrückt. Sieh mal, was da in der Ecke noch herumliegt. Ganz verstaubt und zerfranst. Deine Kreativität, deine Heiterkeit, deine Neugier... Wahnsinn, die sind vielleicht in einem Zustand! Wir werden sie pflegen, entstauben und wieder herrichten. Ein Glück, daß sie überhaupt noch da sind.«

»Und meine Ängste?«

»Die brauchen wir, sonst gehst du unter. Hier ist übrigens noch ein kleines Päckchen für Notfälle – die Eiserne Reserve. Wahrscheinlich wirst du es brauchen.«

Ich schaue ein bißchen dumm. Na schön, ich bin vollständig ausgerüstet und habe auch noch ein Notfallpäckchen. Ego ist seidenweich verstaut und der Rest meines Körpers erschöpft. Ein Tag noch – dann werden wir sehen, was dieses Gepäck wert ist.

Morgen bin ich noch da. Mit diesem tröstlichen Gedanken sinke ich in die Federn – in meine eigenen Federn, an die ich mich ängstlich wie ein Kind klammere. Übermorgen liegt weit in der Ferne. Ich distanziere mich von dem Tag und träume von großohrigen, wuscheligen weißen Mäusen. Was das wohl wieder zu bedeuten hat?

Intermezzo: Kleiner Kurs über den Proviant für unterwegs

Situation: Du stehst am Vorabend deiner Abreise ratlos vor deinen Gepäckstücken.

Überlege dir, wieviel Gepäck du ohne Belastung für dich mitnehmen kannst. Das hängt hauptsächlich vom Transportmittel ab, das du benützt.

Betrachte dein Gepäck nicht nur als praktischen, sondern auch als seelischen Proviant.

Überlege dir den Tagesablauf, den du vorhast, und wähle danach die Kleidung. Nimm Dinge mit, in denen du dich sicher fühlst. Nicht zu auffällig – es sei denn, du willst, daß sich alle nach dir umdrehen –, aber auch nicht zu schäbig. Schließlich möchtest du, so wie du auftrittst, respektiert werden. Zum Beispiel, wenn du allein essen gehst.

Nimm Kuscheliges mit für Abende allein – im Zimmer, auf dem Balkon, auf der Terrasse.

Denk an deine Hobbies. Sportgerät ist selbstverständlich, aber hast du auch an Musikcassetten, Bücher, Stick- oder Strickzeug nebst Anleitung, Spiele für eine Person, Rätsel, Denksportaufgaben gedacht? Vielleicht bekommst du Lust, zu zeichnen, zu malen oder zu schreiben, auch wenn du es noch nie getan hast. Es besteht kein Erfolgszwang, niemand sieht dir zu!

Überleg dir, ob dich ein Gebiet, das du seit deiner Schulzeit vernachlässigt hast, jetzt wieder interessiert. Kauf dir entsprechende Lektüre. Vielleicht möchtest du auch etwas ganz Neues anfangen, zum Beispiel Sprachen lernen, dich mit Psychologie, Philosophie, Ökologie, Klimaforschung, Naturwissenschaften, Geschichte, Archäologie beschäftigen – für alles gibt es leicht verständliche Einführungslektüre.

Such dir ergänzende Lektüre zu deinem Urlaubsland. Der Roman eines irischen Autors zum Beispiel erhält – in Irland gelesen – eine neue Dimension. Ein aufregendes Erlebnis!

Stell dein Seelengepäck sorgfältig zusammen. Jeder Mensch läuft mit ungelösten Problemen herum. Nimm sie nicht alle mit. Versuch, vor der Abreise eine Auswahl zu treffen. Laß einige bewußt zu Hause, und nimm ein paar zwecks ruhiger Überlegung auf deine stillen Wanderungen mit. Einiges löst sich, mit Abstand betrachtet, von selbst.

Fazit: Umgib dich mit Dingen, die dir Freude machen und Unterhaltung bringen. Steck auch eine Notfallration für graue Tage ein. Doch davon später.

4. Kapitel

Vom Loslassen

Der letzte Arbeitstag. Bei strömendem Regen strebe ich ins Geschäft. Das fängt ja gut an, denke ich. Was mache ich nur, wenn es jetzt zwei Wochen so weitergießt? Wahrscheinlich werde ich in meinem Hotelzimmer verschimmeln.

Wie häuslich und warm mir mein Arbeitsplatz vorkommt, ausgesprochen gemütlich, wenn ich an all das Fremde denke, was mich erwartet. Um mich herum lauter bekannte Gesichter, die Umgebung so vertraut wie meine Kinderstube. Ich fühle mich wie ein Säugling, dem die Mutterbrust entzogen werden soll.

»Quatsch!« meint Ego. »Stell dich nicht so an, du bist schließlich nicht verurteilt oder verbannt, sondern du bist frei. Und das auch nur für eine von deinem Arbeitgeber genau fixierte Zeit. Frei mit deutlichem Schlußpunkt. Eine kurze Strecke.«

Aber auch gleich so ungeheuer frei, denke ich kleinlaut. Mein Gott, wie lieb die Kollegen aussehen, fast wie Freunde, nahezu verwandt.

Leise höre ich Ego motzen: »Nun mach aber mal einen Punkt. Du spinnst ja total. Morgen sind wir endlich wir selber und an niemanden und nichts mehr gebunden...«

Mit welcher Andacht ich den Kugelschreiber in die Hand nehme, jede Rechnung wird mir zum Liebesbrief, jeder Kunde erscheint mir wie ein Engel. Jeden einzelnen verabschiede ich wie einen Freund, der für immer von mir geht. Doch es nützt alles nichts, die Zeit vergeht wie im Flug. Zum erstenmal sehe ich, wie sich die Uhrzeiger unerbittlich vorwärts bewegen. Was, schon Feierabend?

Ich lade die Kollegen noch zu einem Glas Wein ein.

Nur nicht gleich nach Hause gehen und dem Ernst des Urlaubs ins drohende Auge sehen.

Und schon setzt der Abschiedschor der Kollegen ein: Was, ganz allein? Ich tät' es nicht! Wie, ganz allein? Ich könnt' es nicht! So ganz allein, das geht doch nicht. Und so weiter und so weiter... Das Ganze erinnert mich an einen gemischten Chor, in dem die Unterstimmen immer wieder die gleiche stumpfsinnige Zeile wiederholen. Darüber erheben sich die hellen Stimmen des Soprans: Mach's gut, werd schön braun, paß auf dich auf. Der Märchenprinz, vielleicht der Märchenprinz...

Küßchen hier, Umarmung da, eine schweißige Hand, eine knochige Hand, ein bedauerndes Murmeln, ein frohes Wiehern, noch ein Gläschen und auf und davon...

Krach... die Tür schlägt hinter mir zu, ich trabe im Regen nach Hause und fühle mich wie ein aus dem Nest gestoßener Vogel.

Wohnungstür zu, Licht an, in meiner Wohnung sieht es aus wie kurz vor dem Umzug. Auch hier bin ich schon weg, bin unbehaust. Das Abendessen besteht aus Resten, die nicht verderben sollen. Ein Chaos aus einzelnen Cornichons, Wurstscheiben, Käsebröckchen, Keksresten, Brotresten und Butterflöckchen bewirkt ein entsprechendes Chaos im Magen. Ein vollständiges Glas Wein stellt den inneren Frieden einigermaßen her.

Die Söhne rufen an, verabschieden sich, mahnen streng zur Vorsicht auf einsamen Wegen. Und doch sind sie die einzigen, die mir mein Abenteuer zutrauen, mir Mut machen.

Lustlos trödele ich in der Wohnung herum, finde keine Ruhe und keine Spannung. Bin leer, ausgelaugt, stumpf.

Und da geschieht es... Plong! Ich falle ins Schwarze, samt Ego und dem süßen Vogel Freiheit. Ich sitze in meinem Sessel und falle dabei, falle immer tiefer. Alle Leinen sind gerissen. Ich sehe nur noch Bedrohliches. Fassungslos sinke ich in das große schwarze Loch.

Irgendwie lande ich schließlich auf dem Grund der immensen Finsternis. Die Tränen fließen... Bilder einer fröhlichen Familie am Strand, im Wald, in den Bergen bauen sich vor mir auf und vergehen wieder... Ich erlebe eine salzig gewürzte Dia-Show. Dabei schwemme ich mich vollkommen aus. Die Bilder werden beständiger, realer, ich betrachte sie ruhiger. Am Ende bin ich ganz leicht. Die Tränen versiegen mangels Masse, die Vorräte sind erschöpft.

Schnupf! Ego blinzelt mir zu, ist naß wie ein frisch gebadeter Hund. Schüttelt sich, nickt ermutigend.

»Jetzt hast du mich fast ertränkt, doch gottlob bin ich ein guter Taucher. Ich kann nämlich mehr, als du denkst: fallen, schwimmen, untertauchen, aber ich kann auch wieder auftauchen. Bis jetzt habe ich mich immer ganz gut gerappelt.«

Ich verrolle mich ins Bett, die Angst ist fort. Mir bleibt jetzt nur noch der Schlaf der Erschöpfung.

Am Morgen danach sehe ich meine Wohnung schon mit Distanz. Ich funktioniere, »ticke« wieder richtig. Gezielt stecke ich die letzten wichtigen Dinge ein, suche und finde Paß, Geld und Schecks, gieße die Blumen ein letztes Mal und verabschiede mich kühl von meinem Heim. Es ist mir schon etwas fremd geworden.

Ego kichert leise und gibt mir einen leichten Rippenstoß.

»Jetzt können uns alle mal gernhaben.«

»Jetzt stellt es sich heraus, ob du überhaupt was taugst«, gebe ich kritisch zurück.

Ich schleppe meine Koffer, meine Tüten, meine Mäntel in die Garage. Wenn man allein ist, dauert das ziemlich lange.

O Wunder! Das Auto springt freudig an. (Eigentlich ist es gar kein Wunder, denn bisher ist es immer angesprungen, doch dem Frieden der Technik traue ich besonders in dieser kritischen Situation nicht. Oder ist mein Mißtrauen ein verdeckter Rückzieher?)

Raus aus der Garage, zuerst durch die vertrauten Straßen meiner Nachbarschaft, dann durch die weniger vertrauten und die schon etwas fremden.

Zurück durch die fremden, die weniger vertrauten,

durch die vertrauten Straßen, hinein in die Garage. Verflixt, ich habe meine Schuhe vergessen.

Das wiederholt sich noch dreimal. Warum muß ich immer etwas vergessen, wenn mich niemand abfragt?

Das vierte Mal fahre ich nicht mehr zurück. Sollen das Haarshampoo, der grüne Bikini und die schwarze Hose zu Hause bleiben. Ich habe jetzt unwiderruflich Urlaub und reise ab.

Endlich die Autobahn. Die Stadt liegt hinter mir, es ist schon nicht mehr meine Stadt. Ich gebe Gas, drücke mich in den Sitz und fühle mich wie ein Jetpilot auf der Startbahn. Die Welt liegt vor mir.

Bald darauf macht es unhörbar, aber doch spürbar »flupp«! Das Seil, die innere Verbindung ist gerissen wie bei einem Segelflugzeug, das aus dem Schlepp entlassen wird.

Ego tanzt einen halsbrecherischen Indianertanz.

Intermezzo: Kleiner Kurs über große schwarze Löcher

Situation: Du gehörst wie ich zu den Menschen, die sich unendlich schwer losreißen können.

Eigentlich wäre zu diesem Thema ein großer Kurs notwendig oder gar ein ganzes Buch oder eine Buchserie. Da es sich hier jedoch um einen erfreulichen Anlaß, nämlich Urlaub, handelt, möchte ich mich aus eigener Erfahrung auf folgenden Rat beschränken: Laß dich ruhig einmal fallen. Das schwarze Loch hat einen Boden, von dem aus du sicher wieder herausfindest. Erspart bleibt es wohl nur wenigen – in dieser wie in anderen Situationen.

Fazit: Das Loslassen gehört zum Freisein.

5. Kapitel

Wege – Umwege – Abwege

Die Ängste der letzten Tage, die Hektik der Vorbereitungen, der Abschied – alles liegt weit zurück. Im Auto ist es still, nur das Brummen des Motors, das Surren der Reifen. Ruhe… Gelassenheit. Die erste Entspannung nach den Stürmen des Alltags und der Gefühle.

Schier endlos dehnt sich das asphaltgraue Band vor mir. Die Horizonte weichen zurück. Über Kontinente möchte ich jetzt fahren, eingesponnen in meinen blechernen Kokon. Nur niemals aussteigen, immer so weiterrollen bis ans Ende der Welt.

»Du bist verrückt«, meint Ego, »jetzt liegst du total daneben. Ans Ende der Welt fährt man nicht über die Autobahn Salzburg. Bleib bei mir und bei dir.«

Ego hat recht, es ist nicht die Ferne, die mich lockt, es ist die Freiheit, es ist die maigrüne Natur, es sind die rechts und links auftauchenden und wieder verschwindenden Dörfer, die Berge, die sich vor mir aufbauen und vorbeigleiten.

Nach der Grenze liegt mein Land abgeschlossen hinter mir – ad acta. Ein neues tut sich vor mir auf, dem ich mich mit allen Sinnen öffne.

Im Rasthaus gleich danach suche ich mir einen leeren Tisch am Rande der Terrasse, weitab von der essenden und trinkenden Menge, und studiere die Karte. Kein Lotse wird mich leiten. Ich muß mir alle Abzweigungen genau einprägen. Wie soll das nur funktionieren? Einen Augenblick durchzuckt mich der Zweifel. Wie oft werde ich anhalten müssen? Sooft ich will! Nicht einmal mehr und auch nicht weniger.

»Ungelotst und fern der Heimat«, summe ich vor mich hin. Sehr traurig klingt das Gesumme jedoch nicht, immerhin schwingt ein leiser Zweifel an meinen Fähigkeiten mit.

»Lotse hin, Lotse her. Erinnerst du dich noch an deine diversen Beifahrer, die gerade an entscheidenden Wegkreuzungen den Atlas zugeschlagen hatten und still vor sich hin träumten? Und weißt du auch noch, wie deine Laune dann umkippte? Wie deine nach Urlaubsregeln vorgeschriebene Gelassenheit einem ganz gesetzwidrigen Zorn wich?«

Ego knufft und boxt, provoziert und räsoniert.

»Wir machen aus der Fahrt einen Urlaubstag. Wenn wir ankommen, sind wir schon fast wie neu.«

Auf mich ist Verlaß. Gemütlich strecke ich mich in der Sonne, bestelle noch etwas zu trinken und lasse es mir wohl sein. Ich nehme den Atlas zur Hand und schreibe mit einem dicken schwarzen Stift alle wichtigen Abzweigungen ab. Das Papier werde ich am Armaturenbrett in Sichtweite befestigen. Dieser Lotse wird weder einnicken noch vor sich hin träumen.

Ich rolle weiter, als kurz darauf das Schild »Mondsee« auftaucht. Der romantische Name verlockt mich, von der Autobahn abzufahren.

»Mond-see« – genüßlich lasse ich die beiden Silben auf der Zunge zergehen. Erst wenig mehr als eine Stunde gefahren und schon die zweite Rast. Doch eine Rast voller Lust.

Hier bin ich kurz nach dem Krieg als junges Mädchen gewesen, später immer wieder vorbeigerauscht. Der Name klang schon damals für mich – ein Gewächs aus Kriegs- und Nachkriegszeit und der Zeit der Flucht – wie ein Märchen, wie ein Film, wie Luxus und große Welt. Nur eine Nacht hatten wir damals hier in der Nähe der Festspielstadt Salzburg verbracht, deren Glanz noch diesen Gebirgssee mit dem schönen Namen überflutete. Damals bin ich mit meinem Bruder spät nachts in den sich spiegelnden Mond hinein geschwommen.

Ich finde die Stelle wieder. Das Auto ruht im Schatten. Ich lasse das Wohlgefühl jener glücklichen Stunden noch einmal von mir Besitz ergreifen.

»Vielleicht hast du mich damals zum erstenmal wahrgenommen«, meint Ego versonnen.

»Eigentlich waren wir damals alle nicht besonders auf Egos getrimmt. Kartoffeln klauben, Holz sammeln, Ähren lesen standen im Mittelpunkt unseres Lebens. Aber du hast recht, an dem Tag habe ich dich gespürt, wollte einfach Mensch sein. Ich erklärte ihn damals spontan zum schönsten Tag meines bisherigen Lebens.«

Es fällt mir schwer, zurückzukehren – in die Gegenwart, ans Steuer, auf die Autobahn. Jetzt ist allerdings Aufmerksamkeit geboten, der Verkehr fordert die ganze Frau. Am Lenkrad träumt es sich schlecht. Ich schalte das Radio ein, schiebe eine Cassette von Stefanie Werger ins Gerät.

»Und dann möcht ich davonfliegen, endlich einmal ich selber sein...« Genau das ist es! Lauthals singe ich den Text mit. Das geht am Anfang nur mühsam. Meine Stimme knarzt und kratzt, und außerdem singe ich falsch wie ein verstimmtes Instrument. Ich habe nie singen können, habe nie jemanden mit meinem Gesang belästigt. Keine Wiegenlieder für die Kinder, damit sie keinen bleibenden Schaden erlitten, schon in der Schule alle Gesangsstunden im Flur verbracht, um den wohltönenden Chor der hellen Kinderstimmen nicht zu verderben.

»Stark wie a Felsn steh ich heut vor dir«, gröle ich mit Stefanie. Und »mit dir möcht ich alt wern«, was Ego spontan auf sich bezieht, von der Sängerin aber nicht unbedingt so gemeint ist.

Ich schmettere Schmachtfetzen, singe leise und zart, es geht mir gut. Wach bin ich und frisch, aufmerksam und konzentriert. Ich singe im Auto wie einer, der im Wald pfeift. Nur keine Angst, keine Angst!

Bei allem Hochgefühl fällt mir plötzlich ein, daß ich Öl und Spritzwasser nachsehen sollte. Also ein weiteres Mal raus, abgefahren, eingeschwenkt.

Wo ist nur der Ölstab?? Bei diesem Auto hat der Sohn bisher die liebevolle Pflege übernommen. Ich suche so lange, bis sich der Tankwart nähert.

Freundlich und nur ganz wenig herablassend fragt er: »Probleme, junge Frau?«

»Das Öl«, sage ich schuldbewußt, wie ich das als Frau innerhalb der männlichen Domäne Tankstelle–Auto gewöhnt bin.

»Schau ich nach«, sagt der nette Mann.

Sucht, sucht und findet den Ölstab auch nicht. Nur wirkt er weniger schuldbewußt.

»Na ja, die Italiener«, meint er, »Wahnsinn, wie die ihre Autos zusammenschustern. Kaufen Sie sich das nächste Mal ein gescheites Auto, dann finde ich den Ölstab bestimmt.«

Ich bleibe gelassen. Dann eben nicht. Versuchen wir es wenigstens mit dem Scheibenklar.

»Können Sie das einfüllen, oder soll ich helfen?« fragt der Mann besorgt.

Ich nicke lachend. »Schaffe ich alleine.«

»Nicht, daß Sie glauben, ich halte Frauen für technisch unbegabt. Es gibt Frauen – ich sag's Ihnen, die sind uns in diesen Dingen fast überlegen.«

Immer noch lachend greife ich nach der Flasche mit dem Scheibenklar, fülle die Flüssigkeit selbst ein und bin kein bißchen gekränkt.

Der Heldengesang am Lenkrad hat mich gestärkt, der Mondsee unangreifbar gemacht. Ich fühle mich intakt wie selten zuvor. Weiter geht die Fahrt. Für diese Strecke braucht man normalerweise einen guten Vormittag – und einen halben, wenn man Männergesprächen gewisser Kreise Glauben schenkt. Auf den Partys dieser Kreise handelt man mit Fahrtzeiten wie mit Aktien an der Börse. Wie lustig ist es doch, die längsten Strecken mit den kürzesten Rekordzeiten in Verbindung zu bringen, immer wieder zu unterbieten und sich damit an Witz und Charme zu überbieten.

Meine Fahrtzeit darf ich auf keiner Party erwähnen, aber Frauen werden auch selten danach gefragt.

Kurz vor Wien müßte ich abbiegen, gerate jedoch wieder auf Abwege.

»Haben Sie Wien schon bei Nacht gesehen«, singe ich

gerade aus vollem Hals und bin schon an der Ausfahrt vorbei. Hinein in die schöne Stadt, in das Lichtergefunkel, das Leben, bevor ich mich auf dem Land einspinne.

Und so kommt es, daß ich, wie am Anfang beschrieben, auf dem Heldenplatz lande und mich auch wie ein Held fühle. Nur den Heldengesang stelle ich ein, denn außerhalb meiner Blechbüchse singe ich nicht.

Spät in der Nacht endet der erste Tag meines neuen Lebens in meinem Zimmer für die nächsten vierzehn Tage.

Die Begegnung mit der Vergangenheit, mit diesem Hotel, in dem wir so oft Familienurlaub verbrachten, habe ich vielleicht unbewußt hinausgeschoben...

Eines steht jedoch eindeutig fest: Dieser erste Tag war ein voller Erfolg.

Ego bekommt einen kleinen Lorbeerkranz und die Note »Bestanden«.

Intermezzo: Kleiner Kurs über die Fortbewegung

Situation: Du willst fort, zögerst aber noch, weil dir der Mut fehlt, dein Nest zu verlassen. Du fühlst dich nicht recht flügge. Es wachsen dir keine Flügel, du mußt dich also für eine fahrbare Blechschachtel entscheiden. Nach dem gescheiterten Versuch von Ikaros haben die Menschen vielerlei Fortbewegungsmittel geschaffen – ihnen zur Lust und auch zur Last.

Unter den Blechbehältern, die dich ans Reiseziel führen, kannst du frei wählen – je nach Urlaubsziel und Geldbeutel. Wenn du das erste Mal allein auf Tour gehst, solltest du besonders intensiv auf dein Ego hören, es wird dich dann auch richtig verstauen.

Das Auto ist ein Umweltferkel, doch bietet es dir als Solo-Reisender die meiste Freiheit, vorausgesetzt, du fühlst dich wohl am Steuer, scheust vor eventuellen Pannen nicht zurück und läßt dich von Autofreaks nicht ins Bockshorn jagen. Mit dem Auto kannst du – von Staus einmal abgesehen – dein Reisetempo selbst bestimmen, kannst Schönheiten am Weg betrachten, zu jeder Tageszeit reisen. Das Auto erlaubt dir so viel Gepäck, wie du für dein Wohlbefinden im Urlaub brauchst, und bietet dir ein Stück Heimat in der Fremde. Du bist alleiniger Herr deines Fortbewegungsdranges, allerdings findest du keine Kontakte – höchstens unerwünschte, wenn es kracht. Die ideale Einzelverpakkung für egophile, fast egomane Singles.

In der Großpackung Eisenbahn wirst du – wenn du willst – mit gesprächigen Reisegefährten rechnen können. Gerade alleinreisende Zugfahrerinnen werden oft mit ganzen Lebensgeschichten konfrontiert, mir wurde sogar schon einmal ein frisch geschriebenes Drehbuch vorgelesen. Der Vorteil: Du brauchst dich nicht um Ölstäbe, Reifendruck und technische Einzelheiten zu kümmern. Dein Gepäck mußt du allerdings einschränken, und vor Ort bist du relativ unbeweglich. Jedoch hört man in den örtlichen Autobussen viel Interessantes über die Region, ist dadurch schneller integriert. Wenn du Wartezeiten nicht scheust, mit den Zielen einverstanden bist, die du auf diese Weise erreichen kannst, ist es eine wunderschöne Art, sich allein fortzubewegen und doch nicht allein zu sein. Die Großpackung für soziale Singles.

Das Flugzeug ist eine Umweltsau und in meinen Augen das grausamste Verkehrsmittel. Schon die Abflugzeiten der Chartermaschinen im Morgengrauen sind für mich eine Zumutung. Morgens um 6 Uhr allein inmitten einer Schlange von schlecht gewaschenen Menschen auf dem Flughafen zu stehen, verlockt mich jedesmal zum Umkehren. Schlimmer noch – man wird in viel zu kurzer Zeit viel zu viele Kilometer weit entfernt unsanft abgeworfen, und der Rückweg ist blockiert. Wer sich ängstlich zum erstenmal allein auf die Reise begibt, sollte sich den Fluchtweg offen lassen – rein psychologisch. Die Risiko-Großpackung für routinierte, eilige Single-Reisende.

Eine längere Kreuzfahrt auf einem Schiff würde ich nicht einmal heute, nach längerer Alleinreise-Erfahrung wagen, kurze erholsame Schiffstouren jederzeit. Jedoch vierzehn Tage mit immer denselben Menschen auf einem Boot eingesperrt zu sein, beurteile ich als ein echtes Risiko. Es kann sehr lustig sein, doch birgt eine solche Reise noch größere Gefahren als eine Gruppenreise zu Lande, da man sich wesentlich schlechter aus dem Weg gehen kann – ganz abgesehen von der ständig drohenden Seekrankheit. Singles, die sich nicht integrieren wollen oder können, stehen hoffnungslos abseits, und es gibt absolut kein Entrinnen. Die schwimmende Großpackung mit Platzangst- und Psychoterror-Gefahr.

Umweltfreundlich, doch nicht ganz einfach sind Radtour oder Fußwanderung allein über mehrere Tage oder gar Wochen. Wer es sich zutraut, jeden Abend das richtige Quartier zu finden und sich ganz allein der Natur anzuvertrauen, ohne Requisiten – denn das Gepäck muß minimal sein –, der sollte sich getrost einmal in so ein Abenteuer stürzen. Unerfahrene sollten mit einer Tour von wenigen Tagen beginnen, um zu testen, ob ihnen diese Art des Reisens zusagt. Die verpackungslose Reiseform für Naturfanatiker.

Fazit: Hör auf dich und auf niemand anderen, hör dir gut zu, stell dir Fragen wie in einem Kreuzverhör, laß dem Delinquenten Ego immer wieder ein paar Tage Zeit zur gründlichen Einfühlung und auch zur Reflektion. Quetsch ihn immer wieder neu aus. Am Ende wirst du ganz sicher deinen Weg finden, ob zu Lande, zu Wasser oder in der Luft.

Teil II
Wie es war, wie es ist und immer wieder sein wird

Gestärkt bin ich aus dem ersten Urlaub hervorgegangen. Seither packt mich immer wieder die Lust, allein loszuziehen, ein paar Tage oder ein paar Wochen, in die Nähe, in die Ferne – die Lust nähert sich der Sucht. Ist eine Hürde übersprungen, fällt es beim zweitenmal leicht, sie zu überwinden, doch neue bauen sich immer wieder auf. Ein Leistungssportler war ich nie, doch diese Art von Training würde meine Turnlehrer von ehedem, die nie etwas von mir hielten, in Erstaunen versetzen.

In den folgenden Kapiteln möchte ich keine Reiseberichte liefern, man hört sie sowieso überall, wo mehr als zwei Menschen aufeinandertreffen. Ich will lieber von Eindrükken erzählen, von Befindlichkeiten und kleinen Erlebnissen am Rande des großen Geschehens. Dabei spielt es keine Rolle, in welchem Land, an welchem Ort sich etwas zugetragen hat, das innere Abenteuer entscheidet. Jeder wird mir bestätigen können, daß man an einem Traumort todunglücklich sein und an einem Regentag irgendwo auf der Durchreise höchste Glücksgefühle erleben kann. Immer wieder folgten auf fröhliche Stunden schwierige Situationen, so wie sie das Leben auch im Alltag bunt durcheinandermischt.

Daß ich bisher nicht untergegangen bin, beweist die Tatsache, daß ich über alles ohne Reue berichten kann.

6. Kapitel

Vom Ankommen

Angekommen ja, aber noch nicht da. Das Zimmer, jedes Zimmer, in das ich für mehrere Tage einziehe, weist mich ab. Ich muß immer an Krankenhaus denken. Alles zweckmäßig. Bett-Stuhl-Tisch-Schrank eventuell Schreibtisch-Radio-Fernseher. Es sieht genauso aus wie das Zimmer rechts und links von mir, an der Tür steht eine Nummer und nicht mein Name. Ich überschlage schnell die Quersumme und rechne so lange herum, bis sich eine meiner Glückszahlen ergibt.

»Wir legen die Dame auf Nummer 17«, heißt es im Hoteljargon. Also doch Krankenhaus. Ich werde gelegt. Aber ich liege nicht, sondern stehe herum.

Da soll ich wohnen? Nur nicht an zu Hause denken.

Einzelzelle im Gefängnis ist Strafe, Einzelzimmer im Krankenhaus Luxus. Und was ist das hier? Ein bißchen Strafe, ein bißchen Luxus, je nachdem. Ich reiße mich zusammen, bin schließlich weder krank noch straffällig.

Wenn jetzt nicht Kofferauspacken auf dem Programm stünde, würde ich einen Ausbruchsversuch wagen, würde einfach flüchten.

Also packe ich aus. Schon ist eine heilsame Unordnung in das sterile Zimmer eingekehrt. Die Kleider im Schrank, die Toilettensachen im Bad, das Schreibzeug auf dem Tisch, die Bücher auf dem Nachttischchen, die Brille bereits verlegt. Ich selbst habe mich hingelegt. Langsam komme ich an, bin nur ein bißchen hinter meinem Auto zurückgeblieben. Zwar fühle ich mich gern als Vagabund, doch bis alle meine Einzelteile an Ort und Stelle zusammentreffen, dauert es eine Weile.

Wenn ich mich geistig, physisch und psychisch einigermaßen zusammengeleimt habe, verlasse ich mein numeriertes Zentrum und erkunde die Peripherie. Hier also bin ich gelandet, denke ich, wenn ich meine Kreise durch den Ort ziehe und versuche, meine Biographie vom Punkt Null aufzubauen.

Hier ist also der Laden mit den Postkarten, dort der Park für die kleine Runde zwischendurch, die Ausfallstraße da hinten führt in die Hügel und zum Wald, diese ans Meer. Wo gibt es Zigaretten, das nächste Café, Strümpfe, Bänke zum Ausruhen und zum Träumen? Ich stecke das Revier ab wie ein frei lebendes Tier, das seinen Lebensraum markiert. Nur beiße ich nicht, wenn ihn einer mitbenutzt. Alles ist fremd, aufregend, ich schnüffele wie ein Hund. Neue Gerüche, neue Ausblicke, durch nichts verdorben, durch nichts verklärt. Alles noch ein bißchen klamm – wie ein neues Kleid oder neue Schuhe, doch wesentlich spannender.

Um diese Ecke muß ich noch schauen, um die nächste, die übernächste. Werde ich zurückfinden? Keiner hilft mir. Ich streue zwar keine Bröckchen wie Hänsel und Gretel im Wald, doch merke ich mir Fassaden, Haustüren, Bäume. An einem bestimmten Punkt habe ich genug, taste mich anhand meiner Markierungspunkte zur Zentrale zurück. Äußerliche Bestandsaufnahme, allerdings noch mit verschlossenen Sinnen. Als ich zurückkehre, wirkt das Zimmer schon vertraut, hat schon etwas Vergangenheit.

An diesem Ort kann ich entspannt lesen, mich aalen, duschen, mich umziehen, hin- und hergehen, mich innerlich einrichten. Es paßt noch nicht ganz, irgendwo zwickt es und drückt es noch.

Ein Blick auf die Armbanduhr. Nicht einmal eine Stunde ist vergangen. Die innere Uhr ist noch nicht auf Ferienzeit umgestellt. Mein Rhythmus heißt noch Großstadt, Alltag, Streß, schnelle Bewegung.

»Langsam«, mahnt Ego. »Du rennst ja herum wie ein wildes Pferd, das aus dem Stall ausgebrochen ist, weil hinter ihm alles abbrennt.«

Immer noch etwas wildes Tier, Hund und Pferd zugleich, jedoch nicht mehr ganz so ungebärdig, zwinge ich mich in einen Liegestuhl auf dem Balkon, atme tief durch, atme einfach nur so vor mich hin.

Stille... zuerst nur still, dann lebendig. Echte, lebendige Ruhe. Dann Erschöpfung. Ich schalte mich aus. Das Tier, der Hund, das Pferd ziehen sich zurück. Ganz allein liege ich auf meinem Balkon. Ego ist ganz nahe bei mir, und der süße Vogel Freiheit zwitschert.

Endlich verfalle ich in tiefen, traumlosen Schlaf, einen Schlaf, der keine Ufer kennt, der mich fortreißt aus dem Alltag. Erst nach Stunden werde ich wieder an Land gespült. Wie ein Langstreckenschwimmer krieche ich ans Ufer, bin desorientiert, muß nachdenken, wo ich bin.

Ach ja, dein Zimmer, dein Urlaubsdomizil. Wie es wohl noch weiter draußen aussieht? Die grünen Hügel habe ich in der Ferne schimmern sehen, dort gibt es sicherlich schattige Wege, und dahinter liegt das Meer – das weiß ich nur aus dem Atlas. Und was gibt es hier noch?

Eine neue Art des Wachseins, viel heller als zu Hause, im Alltag. Neugier macht sich bemerkbar. Dennoch bleibe ich liegen und stelle mir vor, was ich in den nächsten Tagen alles erkunden möchte. Es wird fast zuviel. Nur langsam, gemächlich, keinen Druck.

Im Nu ist die Zeit bis zum Abendessen verflogen. Danach unternehme ich noch einmal einen Rundgang. Es sieht alles ganz anders aus. Die Sinne öffnen sich spaltbreit, und durch den schmalen Spalt wird es licht. Ich muß an den Lichtspalt an der Tür des Weihnachtszimmers denken. Dahinter lockt der Glanz der Tage, die vor mir liegen.

Mein Gang ist nicht mehr tastend. Ich schlendere herum, verliere mich in den Straßen und Gäßchen. Mit dem Kauf einer Zeitung verbinde ich den ersten Dialog in der Landessprache. Unter dem sicheren Dach meiner Herberge verbringe ich wohlbehütet die erste Nacht.

Es wird noch etwas dauern, bis ich nach dem ersten weiteren Ausflug in die Umgebung ganz und gar angekommen bin.

Intermezzo: Kleiner Kurs über die weiche Landung

Situation: Du bist gelandet und fühlst dich vielleicht etwas unbehaglich und fremd.

Stell deine innere Uhr auf Urlaubszeit. Denk dabei an ein Metronom, dessen Schläge du verstellen kannst, oder an das Pendel einer altmodischen Standuhr. Halte dir die Bilder immer wieder vor Augen – es hilft.

Kultiviere deine im Alltag unterdrückten inneren Reserven, deine Sehnsüchte und Wünsche. Laß vor allem der Neugier freien Lauf.

Informiere dich vor Ort über alle Möglichkeiten, die geboten sind, und triff deine Auswahl wie ein Luxusweibchen in einem Laden voller Preziosen. Zieh auch ungewohnte Aktivitäten mit in Betracht, vorausgesetzt, du hast Lust dazu.

Richte dich in deinem Urlaubsgefühl so ein, als hättest du ein extra Stübchen für dich zu möblieren.

Fazit: Laß alles an dich heran, was dir mit großer Wahrscheinlichkeit Freude machen wird.

7. Kapitel

Allein schlafen – ja bitte!

Der normale Saison- oder Urlaubsnomade lebt nicht von Viehzucht, sondern von Viehfraß, und seine Zelte stehen auf Campingplätzen. Der gehobene Urlaubsnomade zieht ein Hartzelt auf vier Rädern hinter seiner fahrbaren Blechbüchse her. Man verweilt nicht, das wäre spießig, man zieht rast- und ruhelos umher, um möglichst ein ganzes Land und noch ein paar Anrainerstaaten in einem Urlaub zu erledigen. Zur Kenntnis zu nehmen, zu den Akten zu legen.

Der moderne Zugvogel nistet gern in Betonburgen oder Beherbergungsbetrieben, wo er wie zu Hause leben kann. Vom 9. oder 15. Stockwerk aus hat er mittels eines guten Fernglases Strandblick, sofern die Realität mit dem Angebot im Prospekt übereinstimmt. Von dort aus kann er schon frühmorgens durchstarten, um ein Stück Frottee an die Stelle zu legen, wo er tagsüber zu rösten gedenkt. Der individueller eingestellte Zugvogel nistet wiederum lieber in einer der großflächigen Bungalowkolonien, wo er sich als Villenbesitzer fühlen und seine sehr dicht aufsitzenden Nachbarn je nach Laune mittels Hund oder eigenem Stimmeinsatz verbellen oder zu von daheim mitgebrachtem Bier einladen kann.

Weder Nomade noch Zugvogel will ich sein, wenn ich mein Urlaubsquartier aussuche. Ich brauche ein Zimmer für mich allein, ein Refugium, einen Ruhepol im weitesten Sinne. Ich will als Start- und Landepunkt meiner Exkursionen kein Kämmerchen mit Hinterhofblick, wie von Klaus-Carl prophezeit. Daher buche ich mein Urlaubsquartier in Ruhe zu Hause und verwende sehr viel Sorgfalt und Zeit auf die Auswahl.

Leider werden alleinreisenden Singles dabei allerhand Steine in den Weg gelegt. Vor einigen Jahren noch mußte ein auf Single-Reisen spezialisiertes Unternehmen aus dem einfachen Grund aufgeben, weil nicht genügend Einzelzimmer zu bekommen waren. Zwar gibt es auf der Welt mehr Unterkunftsmöglichkeiten, als Sterne am Himmel in einer klaren Nacht zu sehen sind, doch der Hotelier sieht die Menschen am liebsten paarweise gebündelt in seinen Betten, wobei er in puncto sanktioniertes Verhältnis in der Regel ein Auge zudrückt. Ein Zimmer ist des Wirtes kostbarster Besitz und daher natürlich viel zu schade, um mit einem einzigen Menschen belegt zu werden. Auch Eltern mit ungerader Kinderzahl können ein Lied davon singen. In Frankreich geht man pragmatisch vor. Es wird pro (französisches) Bett vermietet, egal wie viele Schläfer sich darauf zusammendrängen. Die meisten Einzelzimmer gibt es in den typischen Vertreter- und Geschäftsleutehotels, doch wer möchte schon in einer jener anonymen Menschen-Aufbewahrungsanstalten inmitten all der grauen Männer mit den ebenso grauen Aktenköfferchen seinem Urlaubsglück entgegenträumen?

In früheren Zeiten war das gemeinsame Übernachten in einem Bett die Regel. Im Mittelalter schliefen die Eltern mit ihren zahlreichen Kindern, auch wenn sie wohlhabend waren, im gleichen Bett.

Aus den Hugenottenkriegen zum Beispiel ist überliefert, daß der siegreiche Herzog von Guise sogar mit seinem Gefangenen, dem Prinzen Condé, nach der Schlacht das Bett geteilt haben soll. Der Grad des Fortschritts zeigte sich in den folgenden Jahrhunderten in der abnehmenden Zahl der Menschen, die ein Bett miteinander teilen mußten.

Wer möchte jedoch heute seinen Schlaf einer beliebigen gleichgeschlechtlichen Person, wenn auch nicht im gleichen Bett, so doch im gleichen Zimmer anvertrauen? Erstaunlicherweise nicht wenige! Und welche Enttäuschungen können aus dieser Art von Zwangsvertraulichkeit entstehen! Gemeinsam nächtigen hat etwas außerordentlich Intimes, ganz abgesehen von der Intimität eines liebenden Paares, das sich das Bett teilt, um sich nahe zu sein. Lassen wir diesen Aspekt einmal beiseite, da es sich hier nicht um Alleinreisen, sondern um Hochzeitsreisen im weitesten Sinne handelt.

Im Flugzeug erzählte mir eine mitreisende junge Frau von solch einer fatalen Zwangsgemeinschaft, die sicherlich häufig vorkommt. Man hat sie auf einer »last minute« gebuchten Pauschalreise mit einer wildfremden Frau in ein Doppelzimmer gesteckt. Die andere, das Alleinreisen nicht gewöhnt, habe sie den ganzen Tag nicht aus den Augen gelassen und sich auf allen Wegen an sie geklammert. Nachts habe die andere dann bestimmt, wie lange gelesen oder Radio gehört werde und wann man in der Frühe aufzustehen und aufzubrechen habe. Welch ein geglückter Urlaub! Meine arme Mitreisende wirkte völlig erschöpft, und das schöne Billigangebot ins ferne Land hatte ihr keinerlei Freude und schon gar keine Erholung gebracht.

An dieser Stelle wird Ego richtig wütend. Lila vor Wut und gesträubt wie ein Igel zischt es: »Ich werde einen Ego-Schutzbund gründen. Jeder Köter, der zu lange vor einem Metzgerladen warten muß, genießt mehr Mitleid als wir armen, geschundenen Egos. Ich wundere mich nicht darüber, daß so viele Menschen genervt vom Urlaub heimkommen und dann ihre Mitmenschen darunter leiden lassen.«

Jetzt muß ich mein Ego kurz streicheln. Es hat sich schon immer gegen solche Art von Zumutungen gewehrt. Und es hat recht. Wir Alleinreisenden sollten uns gegen solche Ansinnen massiv zur Wehr setzen.

Was bleibt dem Single übrig? Schlau sein, auf Ego hören! Auf keinen Fall ist es klug, zu Spottpreisen in sehr ferne Länder reisen zu wollen. Zum gleichen Preis gibt es etwas Menschenwürdiges in der näheren Ferne.

In kleinen Familienpensionen fühle ich persönlich mich nicht besonders wohl. Hier komme ich mir vor wie ein Mensch, der etwas zu Hause vergessen hat, nämlich seine Anverwandten. Irgendwie fühle ich mich unvollständig, als Randerscheinung. In größeren Hotels mit gemischtem Publikum hat man als Single nicht nur die Chance der Anonymität – man kann sich frei bewegen, wie man will –, dazu gibt es meistens noch ein Freizeitangebot sowie Bade- und Fitneßeinrichtungen, die einem das Gefühl geben, innerhalb des Hauses eine Menge Dinge unternehmen zu können, wenn einem einmal nicht nach Ausgehen zumute ist.

Sehr wohl fühle ich mich immer wieder in mittleren Hotels oder Gasthöfen, wo die Wirtsfamilie oder das Wirtsehepaar ein Herz für seine Gäste hat und sie das auch spüren läßt. Ein freundlicher Gruß am Morgen, die Frage nach dem Wohlbefinden und ab und zu ein kurzer Plausch sind Kleinigkeiten, die gerade dem Alleinreisenden den Urlaub versüßen. Man fühlt sich gut aufgehoben und doch frei, kann so viel allein sein, wie man will, und doch ab und zu einmal Kommunikation üben, damit man sie nicht ganz verlernt.

Singles sind sicherlich keine schlechten Gäste. Sie streiten sich mangels Gegenüber niemals lautstark, sie geben gern Geld für ihr Wohlbefinden aus, denn sonst packt sie der Frust, und sie wagen es eher zu selten, sich zu beschweren.

Ego meldet sich zu Wort. Es hat mir eine Weile über die Schulter geblickt und will jetzt endlich seine revolutionäre Idee entwickeln, bevor ich das Kapitel abschließe.

»Die Singles sollten den Wirten entgegenkommen und nach Möglichkeit außerhalb der Saison reisen, wenn sie nicht an eine bestimmte Reisezeit gebunden sind. Die Wirte sollten ihnen dafür entgegenkommen und ihnen ihre kostbaren Doppelzimmer auch zur alleinigen Nutzung anbieten – ohne riesigen Zuschlag, vielleicht mit einem kleinen Ego-Zuschlag.«

»Gibt es doch schon«, erwidere ich.

»Ja, gut, aber sie sagen es nicht laut, man muß immer so lange rumsuchen. Man könnte ein Label ›singlefreundlich‹ erfinden. Am besten wäre natürlich das Label ›menschenfreundlich‹, aber so weit sind wir wohl noch nicht mit unserem Fortschritt. Dann hätten es alle gut.«

Ego hat recht, im Grunde ist es eine Frage der Gastlichkeit im allgemeinen.

Intermezzo: Kleiner Kurs über die Behausungen in der Fremde

Situation: Du bist noch unerfahren im Alleinreisen und brütest über den endlosen Listen von Unterkunfts-Angeboten. Du bist verwirrt und möchtest dich auf keinen Fall durch deine Vorausbuchung auf etwas festlegen, das dir nachher nicht gefällt.

Buche deine Unterkunft trotzdem im voraus, denn es ist nicht gerade angenehm, allein von Hotel zu Hotel fahren zu müssen und immer wieder abgewiesen zu werden. Einzelzimmer sind immer noch relativ knapp. Außerdem gibt es erhebliche Preisvorteile bei der Buchung im Reisebüro.

Such dir ein Quartier aus, was dir hundertprozentig zusagt, auch wenn es im Moment etwas teurer erscheint. Spar lieber etwas an den Reisekosten – in der Ferne liegt nicht immer das größte Glück – oder an entbehrlichen Einkäufen ein. Es muß nicht immer der neueste Bikini sein, und die Souvenirs sind meistens nicht ihr Geld wert.

Achte vor allem darauf, daß das Zimmer freundlich und gemütlich eingerichtet ist. Eine Sitzecke für abendliche Stunden, ein kleiner Schreibtisch mit Stehlampe erhöhen das Wohlgefühl.

Ein Balkon oder eine Terrasse, Minibar, Fernsehgerät und Radio machen dich vorerst einmal unabhängig, bis du andere Möglichkeiten der Unterhaltung gefunden hast, und wenn du gern einmal für dich allein sein willst, hast du alle Requisiten in greifbarer Nähe.

Sporteinrichtungen, Fitneß- oder Kosmetikabteilung, Massage und Solarium tragen zur Erholung bei und lassen nicht so leicht Langeweile aufkommen. Du findest dort leichter Kontakt, wenn du es willst, bist aber nicht darauf angewiesen.

Ein kleiner, bescheidener Gasthof mit schönen Zimmern und freundlichen Wirtsleuten ist ebenfalls gut geeignet für den Single-Urlaub, doch findet man diese Art von Quartieren am besten durch persönliche Empfehlung, sei es durch

Freunde oder durch ein Reisebüro, dem man vertrauen kann.

Wenn du das Risiko einschränken willst, teile den Urlaub, zum Beispiel ein Drittel in der Nähe einer schönen Stadt mit Kulturangebot, ein Drittel am Wasser und ein Drittel Rundreise mit vorausgebuchten Quartieren oder in einem Wandergebiet.

Fazit: Sei so wählerisch wie nur irgend möglich. Hüte dich vor übereilten Entscheidungen. Die Behausung ist das A und O eines gelungenen Urlaubs.

8. Kapitel

Das Buch in der Suppe

Ich sitze im Restaurant an einem winzigen Tischchen und lese. Die lieblichen Gerüche der Toilette stechen mir in die Nase. Der Ober kommt, sieht mich finster an und entfernt sich wortlos. Verzweifelt versuche ich, mich bemerkbar zu machen. Er bedient ungerührt an allen anderen Tischen. Der Magen knurrt, die Zunge klebt am Gaumen. Die Toilettentüren schwingen und wehen die Gerüche in Schwaden an meine empfindsame Nase. Ich rudere mit den Armen, mache deutliche Zeichen. Schließlich nähert sich der mißmutige Herr. Ich bestelle und bekomme nach einiger Zeit zwei Suppen und zwei Schoppen Wein. Als ich den Ober in internationalem Touristen-Kauderwelsch zur Rede zu stellen versuche und ihm begreiflich machen will, daß ich nur ein einziges Menü bestellt habe, packt er mein Buch und wirft es mit Grandezza in die zweite Suppe.

Schweißnaß wache ich auf. Gottlob war es nur ein Alptraum, die Quintessenz der Unkenrufe meiner Freunde kurz vor der Abreise. In ihren Augen gehört die alleinreisende Frau nämlich vor die Toilettentür – gesehen durch die Brille der Oberkellner in aller Welt.

Auf meinen Solo-Reisen habe ich niemals vor einer Toilettentür gesessen, sondern meistens auf luftigen Terrassen, manchmal auch in rauchgeschwängerten Lokalen. Doch habe ich immer wieder alleinreisende Damen beobachtet, die so aussahen, als säßen sie vor einer.

Ihnen möchte ich dann gern zuflüstern: »Hallo, Sie, Frau Nachbarin, warum schauen Sie so schuldbewußt drein? Warum sitzen Sie nur auf der Ecke Ihres Stuhls? Sie haben doch ganz offensichtlich Hunger und Durst und möchten hier etwas essen und trinken. Dafür bezahlen wollen Sie auch. Hoffentlich wollen Sie nicht nur Ihren Hunger stillen, sondern genüßlich speisen. Ohne Freundin, ohne Mann – einfach so. Dann speisen Sie doch. Sei dürfen gern einmal zu mir herüberschauen. Ich würde Ihnen gern zulächeln und Ihnen einen guten Appetit wünschen, falls Sie meine Sprache verstehen. Ich weiß nur zu gut, wie wohl das tut. Früher hatte ich zum Essen immer ein Buch dabei und tat so, als müßte ich schrecklich intensiv lesen. Dann hat mir aber das Essen nicht mehr geschmeckt, und ich habe damit den Koch beleidigt. Heute brauche ich diese Krücke nicht mehr. Ich sitze in voller Breite auf meinem Stuhl, konzentriere mich auf das Essen, trinke meinen Wein dazu und lasse mir damit viel Zeit. Ich habe Urlaub, der Abend ist lau, und über mir glitzern die Sterne. Ein Supergefühl! Mich stört es im übrigen kein bißchen, wenn der Ober fragt, ob noch jemand kommt. Ganz offen sage ich ihm, nein, ich wünsche allein zu speisen.

Zugegeben, ich erinnere mich noch gut an die Zeiten, als ich wie ein hungriger Köter durch die Straßen streifte. Ich drückte meine Nase an den Fenstern platt, beneidete die da drinnen und fühlte mich draußen. Auf Terrassen Platz zu nehmen, fiel mir relativ am leichtesten. Es war für mich der einfachste Einstieg in die Solo-Eß-Kultur. Wenn es regnete, suchte ich Lokale auf, in denen viele Berufstätige aßen. Dort fiel ich nicht auf. Heute habe ich kaum noch Schwierigkeiten. Allerdings gibt es immer noch Gaststätten, die ich lieber anderen überlasse. Dazu gehören die vornehmen Restaurants, in denen sich noch der unterste Hilfskellner als Lord gebärdet. Kneipen im Süden, wo die Männer gern unter sich sind, betrete ich auch nicht. Die dort Anwesenden würden mich wahrscheinlch nicht hinausweisen wie der adelige Hilfskellner, doch gehöre ich da nicht hin. Mein Ego legt sich in dem Fall mit Tonnengewichten auf meinen Magen, so daß mir der Appetit vergeht...

»Ist der Platz hier frei?« Eine angenehme weibliche Stimme reißt mich aus meinem Monolog. Ich zucke zusammen. Wieder einmal habe ich mich in meinen Gedanken weit von Raum und Zeit entfernt.

»Ja, bitte«, stottere ich.

An die Frau, die sich jetzt an meinen Tisch setzt, würde ich niemals einen Flüstermonolog dieser Art richten. Im Gegenteil, sie könnte mir in Sachen ruhige Gelassenheit einiges beibringen. Wir prosten uns zu. Allmählich kommen wir ins Gespräch. Als wir uns zu später Stunde, weit nach Mitternacht, trennen, haben wir nicht nur unsere Biographien ausgetauscht, sondern Gott und die Welt, die Politik sowie erfreulichere Dinge besprochen. Zum Schluß verabschieden wir uns mit vielen guten Wünschen und verschwinden in verschiedenen Richtungen im Dunkel der Nacht.

Kein Name ist gefallen, keine weiteren Treffen sind geplant. Der Vogel Freiheit tiriliert auf dem Weg in mein Hotel in den schönsten Tönen.

Solche typischen Frau-ißt-allein-Erlebnisse habe ich nicht häufig gehabt, aber immer einmal wieder. Sie gehörten eigentlich in das Kapitel »Höhepunkte«.

Immer waren es Frauen, die sich auf einen freien Platz an meinem Tisch setzten, die freimütig ihre Geschichte erzählten und auch mir voll Interesse zuhörten. Es fanden beileibe keine Strickstrumpf- oder Kochrezept-Gespräche statt, wie Klaus-Carl jetzt sicherlich ironisch anmerken würde. Es waren vertraute, aber keineswegs vertrauensselige Gespräche.

Und wenn ein Mann sich dazugesetzt hätte? Er hätte sich sicherlich verpflichtet gefühlt, zumindest eine milde Form von Anmache zu starten. Denn er hätte gewohnheitsgemäß vorausgesetzt, daß ich etwas in der Art von ihm erwarte, auch wenn er keine Lust dazu hätte. Also spielt er die Rolle, die ihm anerzogen ist und in der er sich am sichersten fühlt. Ein kleiner Flirt zur Suppe und ein etwas größerer zum Hauptgang, gefolgt von ein paar Komplimenten zum Dessert. Das macht Spaß und ist unter Umständen ein zauberhaftes Spiel, dem sich noch ein kurzes Spielchen mit dem Feuer anschließen kann. Wenn das Ganze jedoch zur Pflichtübung gerät, dann ist es ungenießbar. Ich sehe sehr ungern mein lebendiges Fleisch auf seinem Teller, dann schon lieber mein Buch in meiner eigenen Suppe.

Intermezzo: Kleiner Kurs über die genüßliche Nahrungsaufnahme ohne Begleitung

Situation: Du hast Hunger und Durst. Imbißbuden sind dir ein Greuel.

Zieh dich um und geh essen. Dein gepflegtes Aussehen wird dir Sicherheit geben.

Ober und Wirte sind keine Rausschmeißer.

Sei freundlich zur Bedienung, oftmals lächelt sie zurück.

Wenn du den männlichen Begleiter vermißt, stell dir vor, daß er vielleicht schmatzt, schlürft, kleckert oder ununterbrochen meckert.

Nimm ein Buch oder eine Zeitung als Krücke mit, wenn du meinst, die anderen könnten dich anstarren. Wirf die Krücke beiseite, wenn du merkst, daß sie es nicht tun.

Nimm dich selbst nicht allzu wichtig. Die anderen Gäste sind nicht gekommen, um dich anzustarren oder hämisch zu grinsen. Erwarte keine negativen Reaktionen von den Umsitzenden oder vom Personal, die niemand Vernünftigem in den Sinn kommen.

Bezieh nicht alles, worüber um dich herum gesprochen oder gelacht wird, auf dich.

Fazit: Laß dir dein Solo-Mahl schmecken, nimm dir viel Zeit dafür und erfreue dich selbst mit guten Gedanken.

9. Kapitel

Wie wohl ist mir am Abend?

»In der Nacht ist der Mensch nicht gern alleine, hilf mir, Ego, ich weiß wirklich nicht, wie ich über die Abendrunden kommen soll.«

»Abends bin ich auch nicht gerade superstark. Hilf du mir.«

»Das ganze scheint auf eine Notgemeinschaft hinauszulaufen.«

»Not höre ich nicht gern, da kann ich sehr unangenehm werden«, murmelt Ego und probt sicherheitshalber einen Schrumpfprozeß.

»Nein, nicht jetzt«, flehe ich. »Meine Freunde haben mich in dieser Sache schon komplett im Stich gelassen. Sie würden auch schon einmal allein wegfahren, sagten sie, aber die Abende... Wenn die Schatten länger werden, wenn alle sich in trauter Geselligkeit in Weinstuben und Gaststuben, in Biergärten und Heurigenlokalen, in Bars und Discos, in Tanzpalästen und auf Caféterrassen zusammenfinden, dann sei der Single ein armer Hund und vom Zwangsfrust bedroht. Single-Abende seien allesamt anthrazitgrau, düster und unendlich langweilig.«

»Sag das nicht noch einmal«, tobt Ego. »Wofür hältst du mich eigentlich? Bin ich vielleicht anthrazitgrau, düster und langweilig?«

»Nein, nein, du bist schon ganz in Ordnung. Ich zweifle nur an meinen Fähigkeiten, deine Fähigkeiten richtig umzusetzen.«

»Dann muß ich dir wohl helfen. Was ist ein Abend? Das Ende eines Tages, und ein Urlaubsabend beschließt einen hoffentlich gelungenen Tag der Entspannung, der Freude, der neuen Eindrücke. Kannst du mir folgen?«

»Ja, ja, ich bin schließlich nicht ganz vertrottelt. Du

meinst, ich habe dann Zeit, nachzudenken, nachklingen zu lassen, etwas zu notieren, Briefe zu schreiben und der totalen Entspannung zu frönen. Wenn ich mich aber zerstreuen möchte?«

»Vielleicht macht es dir Spaß, dich einmal zu sammeln, zu konzentrieren.«

»Und wenn ich mich nach Ablenkung sehne?«

»Ablenkung wovon? Vom Urlaub? Du solltest dich lieber auf etwas Angenehmes hinlenken. Und wenn es nur dein armes vernachlässigtes Ego ist.«

»Manchmal wird mir das nicht genügen. Immer nur in mir drin und für mich da zu sein.«

»Mach dir keine Sorgen. Wenn etwas in dir steckt, dann fällt dir auch etwas ein.«

»Und wenn nichts in mir steckt?«

»Dann bleib zu Hause und laß dich weiter ablenken, bis du dich selbst nicht mehr erkennst, wenn du dir zufällig einmal begegnest. Bei der Begegnung bin ich aber nicht mehr mit von der Partie. Denn dann bist du schon längst innerlich tot.«

Dieser »Dialog« mit Freund Ego fand vor meiner ersten Solo-Tour als Single-Frau statt. Er wiederholt sich in abgeschwächter Form vor jeder Reise heute noch. Eigentlich sind die Abende für mich längst kein Thema mehr, jedoch packt mich immer wieder die Angst des Stabhochspringers vor der Meßlatte.

Wohin also am Abend? Sich wegräumen, aus der Gesellschaft der Duos und der Multis fortschleichen, damit man als Einzelexemplar nicht stört? Warum stört? Sie haben nichts davon, wenn ich versauere, und ich auch nicht. Es ist ihnen ganz egal, ob ich meinen Abend in ihrer Nähe verbringe oder nicht.

Diese Argumente rufe ich mir immer ins Gedächtnis, wenn ich meinen Abend plane. Ich lasse mich niemals einfach hineintrödeln und stelle sehr ungern nach dem Essen fest, daß mir absolut nichts Ersprießliches einfällt. Nach einem guten Menü mit einem Glas Wein oder Bier tritt bei mir regelmäßig eine Gehirnöde ein. Meine Kräfte sind mit Verdauen beschäftigt, und der Kopf schaut von oben zu. Er hat in diesem Zustand einfach keine Lust, über mein weiteres Wohlbefinden nachzugrübeln. Also lasse ich ihn die Arbeit in wacherem Zustand erledigen, nach dem Frühstück, beim Baden oder sogar schon in der Nacht zuvor, wenn ein gelungener Urlaubstag zur Neige geht. Dann hat er die besten Einfälle.

Mit dem Abend Freundschaft schließen, heißt, sich in eine sanftere Stimmungslage versetzen. Wenn die Hitze des Tages abflaut oder die grauen Regenwolken am dunklen Himmel unsichtbar werden, verliert der Tag mit den schwindenden Stunden an Gewicht. Auf einem meiner Lieblingsplätze, die ich mir erkoren habe, sei es auf einer Terrasse, auf einer Bank am Waldrand oder am Wasser genieße ich dann das alte und doch immer wieder neue Schauspiel, das die untergehende Sonne mit den Wolken aufführt. Es ist wirklich hervorragendes Theater, das sich mir auf meinem Logenplatz bietet. Ein letztes Aufglühen des Himmels, die Pastellfarben, die schließlich in abgestufte Grautöne übergehen. Dies ist der Moment, in dem ich ausklingen lassen kann und dem Tag noch eine Krone verpasse, eine schlichte oder eine reich verzierte, je nachdem.

Ich krame mein Wunschpaket hervor und mustere es kritisch. Von zu Hause habe ich allerhand große und kleine Wünsche mitgebracht, die im Alltag immer wieder beiseite geschoben, von Ego jedoch sorgfältig archiviert wurden.

Die Wunschsätze fangen alle an mit: Einmal in Ruhe…, und schon prasselt es auf mich ein: ins Kino gehen, in der Hotelbar sitzen, ein Buch lesen, Briefe schreiben, durch den Ort, die Stadt schlendern, mich am abendlichen Corso beteiligen, aber auch mich mit Dingen beschäftigen, die außerhalb meines Berufs liegen und die immer zu kurz kommen… Halt! Nur keine Hektik. Ich hätte beinahe vergessen, daß der Abend eine Krönung sein soll, wobei die Erholung nicht zu kurz kommen darf. Also werde ich das Rohmaterial gestalten. Auf einen Tag der Besichtigungen, nach einer langen Rundfahrt, nach einem Volksfest, einem Markt, setze ich einen Abend der Besinnung. Es gibt einiges nachzulesen, nachzuspüren, in Gedanken noch einmal durchzugehen. An solchen Abenden bin ich ganz auf Empfang eingestellt und bleibe es auch. Es sind die Stunden für das Radio, für das Briefeschreiben, das Tagebuch. Doch gibt es auch verregnete Tage oder stille, graue Tage in jeglicher Hinsicht. Für die Abende danach denke ich mir etwas Extrafeines aus.

Mein ständiges Kinodefizit wird an solchen Abenden abgetragen, Konzerte, ob klassisch, rockig oder poppig, bringen auf andere Gedanken, und wenn gar nichts anderes »los« ist, tut es auch der Besuch einer nahe gelegenen Stadt. Überall auf der Welt gibt es etwas zu sehen und zu erleben, und die Planung der Abende hatte ich schon vorher in die Wahl meines Ferienziels einbezogen. Also dürfte die Enttäuschung nicht zu groß ausfallen.

Auch nach einem Faultag am Strand oder nach einer langen Wanderung durch die Natur bin ich offen für Anregendes und gebe dem nach.

Wenn mir einmal gar nichts einfällt, stelle ich mir die Frage, was ich absolut nicht allein tun möchte. Es kommt relativ wenig zusammen. Ich mag zum Beispiel nicht allein in einer Bauernschänke oder einer Kneipe sitzen, ich mag nicht in einem lauten Biergarten allein sein, Nachtclubs brauche ich im Urlaub sowieso nicht – die habe ich zu Hause und gehe auch dort selten hin. Alles andere steht mir offen, ich muß nur wollen oder mich trauen. Und dazu muß ich mich manchmal ein bißchen schubsen.

Mitunter frage ich mich, was ich jetzt wohl zu zweit täte? Wahrscheinlich mit meinem Urlaubspartner plaudern oder spazierengehen oder ins Kino gehen... Eigentlich kann ich das meiste allein, nur mit dem Plausch tut man sich als Single schwer. Schön wäre es, wenn sich der Hotelbesitzer oder der Gastwirt zum wirklichen Gastgeber verwandelte und alleinreisende Damen mit freundlicher Geste aufforderte, abends in die Bar zu kommen. Ich selber habe mich oft als eine Art Pionier empfunden, wenn ich mich unter den erstaunten Blicken der Männer dorthin setzte, wo es mir gefiel. Ich wollte die Leute bewußt daran gewöhnen. Doch es gehört eine ganze Portion Mut dazu, und den hätte ich bis vor kurzem noch nicht gehabt. Ich könnte mir vorstellen, daß es für Paare wie Singles belebend wäre, wenn sich die Menschheit, so wie sie zusammengesetzt ist, zum abendlichen Gespräch zusammenfände.

In einer Großstadt wie München gibt es mehr als 50 Prozent Single-Haushalte. Doch wo sind die Singles im Urlaub? In größeren Hotels ergab sich manchmal die Gelegenheit, zum Beispiel an einer fröhlichen Kartenrunde teilzunehmen. Wenn das nicht möglich war, dann spielte ich eben allein.

Den Tag begrüßen, sich auf den Abend freuen – das ist keine leichte Kunst. Doch kann man diese Art von Lebenskunst erlernen. Allerdings sollte man nicht auf den Lehrer warten, weder in Form des Partners noch der Freundin, noch der Kurverwaltung, noch der günstigen Umstände. Der Lehrer steckt in uns selbst und ist daher jederzeit verfügbar. Er wacht und schläft mit uns, und wenn er einmal verschläft, dann muß er eben geweckt werden.

Intermezzo: Kleiner Kurs für Nachtigallen

Situation: Du bist keine Lerche, sondern eher ein Nachtmensch. Der lange Abend gehört zu deinem Lebensrhythmus.

Stell dir ganz intensiv vor, wie das Gewicht der Stunden gegen Ende des Tages abnimmt.

Du hast einen schönen Urlaubstag hinter dir und kannst nun den Erfolg auskosten.

Es gibt unendlich viele Aktivitäten, die auch für Singles durchführbar sind, und nur sehr wenige, für die unbedingt Gesellschaft notwendig ist.

Wenn du gut gelaunt bist, wird dir eine Menge einfallen. Wenn du stimmungsmäßig vor dem Abgleiten stehst, wende die Anthrazitgrauer-Tag-Strategie an.

Versuch, dich in den Abend zu verlieben, als Ausklang des Tages und als Einstieg in eine geruhsame Nacht. In diesen Stunden kannst du wertvolle Kräfte schöpfen – in jeder Hinsicht.

Fazit: Begrüß den Abend als den sanften Freund des Tages.

10. Kapitel

Paare und Unpaare

Im Urlaub muß ich oft an meine Freundinnen denken, die auf keinen Fall solo verreisen, weil sie sich nicht gern allein unter Paaren aufhalten. Sei es, weil sie dann schmerzlich den eigenen Partner vermissen oder weil sie selbst einen finden möchten. Wahrscheinlich genieren sie sich insgeheim, allein zu sein. Sogar sehr selbstbewußte Frauen ergreifen mitunter angesichts zu vieler Paare das Hasenpanier.

Mir erging es nicht anders, bis ich anfing, voller Vergnügen meine Entdeckungen zu machen.

Tatsächlich ist die Urlaubswelt mit Paaren gespickt, Paare, wo ich hinsehe, Paare bis zum Horizont und zurück. Im Restaurant, am Strand, im Café – auch Doppel- und Tripelpaare sowie Paare mit den Erzeugnissen ihres Paarseins.

»Schau doch einmal genau hin«, mahnt Ego, »die Welt der Paare ist so vielfältig wie die Welt der Individuen. Und glaub nur nicht, daß für sie der Himmel immer nur voller Geigen hängt.«

Pair und impair fällt mir ein, und ich denke dabei nicht unbedingt an Glücksspiele. Wie ein irrendes Elektron bewege ich mich allein in dieser Welt von Doppelwesen und entdecke beim näheren Hinsehen eine ganze Menge Unpaare.

Zum Beispiel sitzt links von mir am Tisch im Restaurant meines Hotels immer ein Paar mittleren Alters. Die beiden haben in den letzten Tagen noch kein einziges Wort miteinander gewechselt. Irgendwann, irgendwo hat ihr Dialog wohl mal ein Ende gefunden, und der Rauhreif der Gewohnheit ist auf sie gefallen. Schön sind sie anzusehen in ihrer gestylten Starrheit. Mann und Frau wirken wie aus einer Reklame für exklusive Düfte entsprungen. Jede Bewegung beim Essen und Trinken ist makellos, man speist gemessen, undenkbar, daß nur das kleinste Bröckchen jemals von der Gabel fallen könnte. Die Single-Frau am Nebentisch wird ebenso gemessen gegrüßt wie das Paar am übernächsten Tisch. Ob sich die beiden wohl noch gute Nacht oder guten Morgen wünschen?

Gleich daneben fällt mir ein sehr altes Ehepaar auf. Die Frau zart wie ein Pinselstrich, der Mann eisgrau, leicht gebeugt. Sie haben nur Augen füreinander, ihre Welt ist in sich geschlossen. Auch sie schweigen viel, doch ihre Augen und ihre Hände sind so gesprächig, daß ihr »Dialog« bis an meinen Einzeltisch durchdringt. Ihr Gespräch ist mir angenehm, berührt mich fast körperlich, bringt Saiten in mir zum Schwingen. Jeden Abend freue ich mich auf ihr Kommen, und ich sehe ihnen gern zu, wenn sie später noch in der Hotelbar selbstvergessen miteinander tanzen.

Eher unangenehm falle ich beim Frühstück in einem Frauenhotel auf. Zwei junge Mädchen, sehr verliebt, sehr fürsorglich miteinander, beantworten meinen Guten-Morgen-Gruß eher streng. Auch an den anderen Tischen werde ich ziemlich kühl begrüßt. Vielleicht verdächtigen sie mich, daß ich zu Hause einen Mann habe?

Ganz anders ergeht es mir in einem italienischen Hotel. Am Nebentisch finden sich allabendlich zwei Römer ein, auch sie ganz offensichtlich ein Paar. Ein sehr fröhliches, überaus höfliches Gespann. »Buona sera, signora«, schmettern sie mir entgegen. Das Wort »Signora« klingt ein bißchen wie »Madonna« oder »Königin«, jedenfalls sehr respektvoll. Es tut ihnen leid »mi spiace«, daß sie mir durch die unglückliche Sitzordnung den Rücken zukehren müssen. Mir tut es wiederum leid, daß ich nicht ausreichend italienisch spreche, um mit ihnen plaudern zu können. Sechs Abende lang entspinnt sich dennoch ein fröhlicher, entspannter, wenn auch spärlicher Dialog. Am siebenten Abend sind sie abgereist. Sie fehlen mir.

In einem nordafrikanischen Hotel fällt mir ein Paar in meinem Alter auf. Die beiden nehmen keinerlei Notiz von ihrer Umgebung, grüßen nur flüchtig herüber. Von ihnen geht Harmonie aus. Angeregt unterhalten sie sich miteinander, genießen das gute Essen und den Wein ganz offensichtlich. Dennoch stimmt irgend etwas nicht mit ihnen, ich spüre es. Die Frau sieht von Tag zu Tag jünger aus, erholt sich sichtlich. Je schöner sie wird, desto zärtlicher greift er nach ihrer Hand, läßt sie immer länger liegen. Anscheinend kennen sie sich schon lange. Eines Tages ist die Frau nicht mehr da. Er wirkt verlassen, sitzt lustlos herum. Ich überwinde mich, grüße hinüber und frage anteilnehmend, jedoch möglichst wenig neugierig nach dem Verbleib der Frau. »Sie ist nach Hause geflogen. Es war unser erster gemeinsamer Urlaub nach langer Zeit. Wir leben seit vielen Jahren getrennt, unsere Kinder sind erwachsen, und Großeltern sind wir auch schon.« Wirklich ein ungewöhnliches Paar! Ich würde gern mehr über die beiden erfahren, schlage vor, an der Bar noch einen Kaffee zu trinken. »Mal sehen«, meint er. Nach dem Essen steht er jedoch auf und geht fort. Von meinem Balkon aus sehe ich ihn später mit ein paar Einheimischen am Strand sitzen. Eine rauchende, lachende, ausgelassene Männerkumpanei.

Szenenwechsel. Ich liege am Strand und döse friedlich vor mich hin. Neben mir beobachte ich schon seit Tagen einen Mann und eine Frau in den Dreißigern, denen hier nichts recht ist. Ihr Wehklagen über das Essen, die Bedienung, das Klima, den Sand, das Meer ist perfekt aufeinander abgestimmt. Wie ein Wechselgesang tönt es den ganzen Tag zu mir herüber: »Zu kalt.« – »Zu heiß.« – »Zu schmutzig.« – »Zu langsam.« – »Zu schnell.« – »Zu laut.« – »Zu leise.« – »Zu häßlich.« – »Zu schön.« Vorübergehende Einheimische, Kamele, Touristen, Hunde, Kinder werden sofort in die permanente Bewertung einbezogen. Die Benotungen fliegen wie Ping-Pong-Bälle hin und her. Perfekt, nur nicht gerade aufbauend. Ich kann mir die beiden im heimischen Wohnzimmer vorstellen. Ob das Fernsehprogramm ihren »Dialog« manchmal unterbricht? Sicherlich wird auch mein Alleinsein von ihnen bewertet. »Emanze.« – »Kein Wunder, daß so was allein herumrennt.« – »Anderen die Männer ausspannen wollen.« – »Wahrscheinlich total spinnert.« Ganz sicher sogar, ihr beiden, aber mir geht es sehr gut dabei.

»Hör auf«, raunzt Ego, »was willst du eigentlich mit den ganzen Paaren? Deine Aufzählung wird nie enden.«

»Ich wollte nur uns beiden, also mir beweisen, daß nicht alles glänzt, was Paar ist.«

»Das hast du doch schon immer gewußt. Für solche tiefschürfenden Erkenntnisse brauchst du doch nicht Hunderte von Kilometern in der Welt herumzugondeln.«

»Vielleicht doch, denn die meisten Singles scheuen den Anblick von Paaren im Urlaub. Ich hatte schließlich auch meine Schwierigkeiten damit.«

»Beneidest du sie?«

»Eigentlich nicht.«

»Verachtest du sie?«

»Ganz und gar nicht.«

»Tun sie dir leid?«

»Um Himmels willen, nein.«

»Möchtest du jemals wieder paarweise reisen?«

»Klar, aber nicht um jeden Preis. Das brauche ich jetzt nicht mehr. Außerdem möchte ich die beiden Arten des Reisens nicht miteinander vergleichen. Das geht gar nicht. Es ist wie...«

Ego hält sich die Ohren zu.

»Ich habe schon verstanden. Komm nicht wieder mit deinen blöden Vergleichen für die Vergleiche.«

Ego hat recht. Ich muß mich nicht dauernd dafür rechtfertigen, in welcher Form ich meine Ferien genieße. Nicht als Rest von etwas Ganzem, sondern als Ganzes, zeitweilig ohne Ergänzung, betrachte ich die Paare, und wenn ich Lust habe, mich öffne, komme ich auch mit ihnen ins Gespräch, denn schließlich sind es Menschen wie ich, die herumziehende Single-Frau, und nicht Wesen von einem fernen Stern.

»Tu doch nicht so, als ob das alles so einfach wäre«, flüstert Ego mahnend. »Du hast mich in dieser Beziehung schon in höchst peinliche Schrumpf- und Schiefsituationen gebracht.«

»Gebe ich ja zu, aber du mußt auch zugeben, daß ich mir zu helfen weiß. Zum Beispiel mit der folgenden Ansprache, die ich dir zum Trost und zur Erbauung in einem Kurpark irgendwo in Europa an eine etwas finstere Lady richtete.«

»Und die wäre?«

»Liebe gnädige Frau, warum sehen Sie mich so schief an? Meinen Sie denn, daß ich gefährlich bin, nur weil ich hier allein herumlaufe? Sehen Sie sich doch bitte Ihren werten Gatten einmal kritisch an. Meinen Sie wirklich, jede alleinreisende Frau hat Lust auf den? So attraktiv ist der mit seinem Schmerbauch doch wirklich nicht. Und die grausligen Shorts! Wirklich, da habe ich schon Schöneres gesehen und erlebt. Gott sei Dank! Nur eine Bitte an Sie: Schauen Sie selbst nicht zu kritisch hin. Sonst sehe ich Sie vielleicht das nächste Mal auch allein durch den Kurpark traben. Nichts für ungut und einen schönen Abend noch!«

Intermezzo: Kleiner Kurs über das Selbstverständnis von Singles innerhalb einer Welt voller Paare

Situation: Du scheust das Alleinreisen, weil du dich als einziger Single inmitten von Paaren nicht wohl fühlst.

Betrachte dich selbst als ganzen Menschen, nicht als den Rest aus einer mehr oder weniger glücklichen Verbindung.

Konzentriere dich darauf, es dir wohl sein zu lassen, und frag dich nicht fortwährend, was die anderen wohl von dir denken könnten.

Es ist bezeichnend, daß alleinstehende Männer in früheren Zeiten als Hagestolze (immerhin steckt das Wort stolz darin) und Frauen weit weniger freundlich als Mauerblümchen oder alte Jungfern bezeichnet wurden. Etwas von dieser Einstellung steckt noch heute in uns. Versuch, dich darüber hinwegzusetzen. Der entschlossene Schritt in eine neue Umgebung kann dir dabei helfen.

Wenn du Gesprächsbereitschaft signalisierst, sind Paare auch mitunter ansprechbar, sei es aus einem Bedürfnis nach Geselligkeit, sei es aus einem Gefühl der Einsamkeit trotz Zweisamkeit.

Sich in die Angelegenheiten von Paaren einzumischen bringt meist Verdruß und keine neue Freundschaft. Als geduldiger, verständnisvoller Zuhörer wirst du beiden Teilen willkommen sein.

Der Graben zwischen Menschen mit und ohne Partner ist nicht so tief und so unüberwindlich, wie du vielleicht meinst. Die Lebenssituation kann sich für den einzelnen wie für den Gebundenen sehr schnell ändern.

Betrachte die Paare um dich herum mit wachem Verstand, ohne Neidgefühle. Möchtest du wirklich mit vielen von ihnen tauschen?

Fazit: Du wirst dich wohler fühlen, wenn du dich als weißer Rabe und nicht als schwarzes Schaf betrachtest.

11. Kapitel

Die Sache mit der Anmache

Meine Hand liegt auf einem verschwitzten Männerknie. Nicht ich habe sie dorthin gelegt, sie wurde mit einem entschiedenen Ruck dorthin plaziert. Ich plaziere sie wieder weg. Der Besitzer des Knies, ein kräftiger Tiroler Tennisspieler, findet das humorlos. Er habe mir nun schon drei Abende beim Essen zugesehen, und jetzt sei es Zeit... Ich gebe zu, ich habe an jenem Abend in der gemütlichen Bauernwirtschaft, wo ich für ein paar Tage Ruhe und Erholung suche, ein Achtel mit ihm getrunken.

So allein unterwegs, das sei doch nix, meint er.

Ich entgegne lachend, daß es doch etwas sei, murmele etwas von frei und unabhängig sein.

Er hört nicht zu, sondern versucht, meine Hand wieder in die feuchte Kniezone zu bugsieren. Meiner Hand gefällt es dort aber nicht – sie bleibt, wo sie ist.

»Noch ein Achterl?« fragt der Sportliche.

Ich rechne mir den Preis aus. Beide Hände auf zwei feuchten Knien oder eine Hand im Vormarsch?

»Danke«, sage ich höflich. »Ich muß jetzt langsam gehen.«

Wie viele Abende er mir noch beim Essen zusehen müsse, seufzt der Arme.

»Höchstens noch drei, dann fahre ich nach Hause.« Ich bin weiterhin ganz locker und entspannt. Ego macht leise Klopfzeichen.

»Also gut«, beschließt der freundliche Herr, »dann treffen wir uns morgen abend um halb sieben. A bisserl ausgehen, a bisserl tanzen... das wird Ihnen guttun.«

Ich werde auf die dringenden Mahnungen von Ego hin deutlich, bleibe aber zuckersüß wie ein Päckchen Eiscreme.

»Wissen Sie, ich bin allein unterwegs, weil ich sozusagen

ein Neu-Single bin. Und ich freue mich an meiner Freiheit, ich genieße es, nach vielen Jahren einmal tun und lassen zu können, was mir im Moment gerade einfällt. Ich lasse mich nicht festnageln.«

»Dann eben übermorgen um halb sieben«, räumt er konziliant ein.

»Weder morgen noch übermorgen, auch nicht um halb acht oder um halb neun, nicht zum Frühstück und nicht zum Tee.«

»Gut, ich bin dann übermorgen um halb sieben da. Paßt mir eh besser als morgen.«

Der »Dialog« bringt mich zum Lachen.

»Nein«, sage ich schmelzend liebenswürdig, »ich erkläre es nicht noch einmal.«

»Wenn wir zwei uns einig sind, braucht es keine Erklärungen. Jetzt trink' mer noch a Achterl, und übermorgen bin ich da. Pünktlich. Ich freu' mich schon.«

Was soll ich tun? Ich gehe auf die Toilette und kehre nicht mehr zurück. Am übernächsten Tag lasse ich mir das Essen aufs Zimmer bringen.

»Ego, du siehst so rosig aus, was ist los?«

»Na, fühlen wir uns nicht geschmeichelt?«

»Ja schon, aber der Vogel Freiheit hätte einen Schock bekommen.«

Wir machen uns durch die Hintertür davon. Der Vogel tiriliert.

Im Kino läuft »Eine verhängnisvolle Affäre«. Ich lege meine eigene Hand auf meine schmale Schulter und freue mich, entronnen zu sein.

Eine eher harmlose, liebenswerte Urlaubsgeschichte. Nur geht es nicht immer so harmlos aus. Besonders in südlichen, vor allem islamischen Ländern können Männer so aufdringlich werden, daß einem die Lust am Alleinreisen vergehen könnte. Doch ehe wir die vereinigten Lüstlinge aller Länder verdammen, müssen wir uns selbst an der Nase fassen. Als der Massentourismus nach dem Krieg begann, schwappte eine Riesenwoge blonder, emanzipierter Frauen über die Alpen und hatte in den sittenstrengen, traditionsgebundenen Gesellschaften, in denen die Frauen nichts, die Männer jedoch seit jeher alles durften, leichtes Spiel. Der seufzende »latin lover« war die Offenbarung für viele, denen ihr geschäftstüchtiger Gatte schon seit Jahrzehnten kein zärtliches Wort mehr ins Ohr gesäuselt hatte. Und erst recht für all die Ledigen, die Witwen, die Verlassenen, die Zukurzgekommenen!

Das hat sich allerdings dann zu solchen Ausmaßen entwickelt, daß jede Frau, ob jung, ob alt, ob mit oder ohne Partner unerbittlich verfolgt wurde.

Die Mittelmeervölker haben sich inzwischen an die blonde Invasion gewöhnt, die islamischen noch nicht. Ich kann mich nur wundern, daß eine Frau im Sonnentop oder im Minirock auf einem türkischen oder tunesischen Markt sitzt und sich ihrerseits wundert, wenn sie als beliebig verfügbar angesehen wird. Je weiter wir uns wagen, desto fremder die Kultur, die wir durch entsprechendes Verhalten respektieren sollten. In diesem Zusammenhang fällt mir ein Goetz-Zitat ein – nein, nicht das bekannte, sondern eines von Curt Goetz: »Wer sich in Gefahr begibt, kommt darin um«, und das bezieht sich nicht auf den Krieg der Waffen, sondern auf den Krieg der Geschlechter. (Die europäischen Männer sitzen inzwischen im Flugzeug nach Thailand.)

Doch sehen wir uns doch einmal in unserer Nähe um. In unseren einheimischen Beziehungskisten kracht und stinkt es allerorten. Sie gleichen heute eher Pandorabüchsen als duftenden Lustkabinetten. Frauen lieben zu sehr, Männer lassen lieben, und überhaupt sollte man die Männer endlich in Ruhe lassen. An dieser letzten Forderung – es ist übrigens der Titel eines sehr gescheiten Buches zweier Österreicherinnen – ist durchaus etwas dran. Sind wir Frauen es nicht, die von klein auf dazu erzogen wurden, einen »abzukriegen«? Von wem denn? Und wenn man keinen »abgekriegt« hat – man beachte das absolut unfriedliche Wort –, muß man sich eben auf den freien Markt werfen und darf sich nicht wundern, wenn man als frei verfügbar betrachtet wird.

Hier steckt ein Problem für alleinreisende Frauen, und doch gibt es genau gesehen nur wenige Möglichkeiten der Unzufriedenheit: Man will angemacht werden, und keiner tut es, man will es nicht, und alle tun es, man möchte eigentlich, aber die Männer sind ja so stoffelig, man möchte eventuell eigentlich nicht, aber die Männer sind ja so unverschämt.

»Wenn du auf mich hörst«, meint Ego lakonisch, »ist alles ganz einfach. Entweder du willst, oder du willst nicht. Wenn du nicht willst, brauchst du brenzligen Situationen nur aus dem Weg zu gehen. Wenn du willst, springst du eben ins Feuer. Aber erwarte dir bloß keine Dauerpartnerschaft, denn der Urlaub ist nicht das Leben. Männer suchen auf freier Wildbahn im allgemeinen ein Objekt für eine Nacht, Frauen ein Subjekt fürs Leben. Du solltest selbst am besten wissen, was du unter Ferien verstehst und was du erwartest. Einen Kerl aufreißen oder dich vom Alltag und allem, was damit zusammenhängt, erholen. Wozu sonst der Ortswechsel, die unbequeme Reise, der Riesenaufwand? Pflege mich, und es wird dir gutgehen.«

Wahrscheinlich hat Ego recht. Ich werde Kraft schöpfen, Bilder aufnehmen und meinen gestreßten Nerven die Pause gönnen, die sie brauchen. Die Beziehungskiste wird entlüftet, zugenagelt und vorläufig beiseite gestellt.

Intermezzo: Kleiner Kurs über den freien Markt der Geschlechter

Situation: Du fährst zum erstenmal allein weiter fort und hast Ungeheuerliches über die Männer draußen gehört.

Prüfe kritisch dein Aussehen. Je blonder, schöner und jünger du bist, desto sicherer wirst du es in südlichen Ländern nicht leicht haben – wenn du deine Ruhe haben willst.

Frage dich ganz ehrlich: Will ich meine Ruhe, oder will ich Abenteuer erleben? Richte dein Urlaubsziel, aber auch deine Kleidung und letztlich auch dein Benehmen vor Ort danach aus. Abenteuer suchen und sich dann über die Männer beklagen, gilt nicht.

Wenn du sichere Anmache suchst, dann begib dich in ein weltweit bekanntes Touristenzentrum mit möglichst geringem Anteil an Einheimischen, und du wirst das bekommen, was du wolltest. Wenn du in Ruhe gelassen werden willst, dann tu das Gegenteil.

Informiere dich vor der Reise über die Sitten des Landes, über die Umgangsformen zwischen Männern und Frauen. Es gibt Länder – vor allem in Nordafrika und im Orient –, die man als Frau doch lieber in Begleitung oder mit einer Reisegruppe besuchen sollte. Ich habe mir erzählen lassen, daß es in buddhistischen Ländern in dieser Hinsicht kaum Probleme gibt.

Bedenke, daß du, auch wenn du bezahlst, Gast des Landes bist und das Gastrecht nicht mißbrauchen darfst. In deinem Urlaubsland leben nicht nur Männer, sondern auch Frauen und Kinder, deren Menschenwürde unbedingt Respekt erfordert – gerade von uns Frauen. Wir würden es auch nicht gern sehen, wenn Frauen anderer Kulturkreise scharenweise über unser Land hereinbrächen und sich auf unsere Freunde, Ehemänner und Geliebten stürzten, als wären sie Freiwild.

Bedenke auch, daß du eine Botschafterin des Landes bist, aus dem du kommst. Dein Verhalten, deine Freizügigkeit oder deine Freundlichkeit werden auf dein Volk übertragen. Das gilt um so mehr, wenn du dich von Touristenzentren entfernst und in ländliche Gebiete reist. Diese eigentlich selbstverständlichen Forderungen gelten natürlich auch für Männer, aber wir Frauen können ja ruhig damit anfangen.

Fazit: Mit Freundlichkeit und Takt, Diskretion und bestimmtem Auftreten kannst du viel erreichen, ohne daß du in unangenehme Situationen gerätst, durch die du oder dein Gegenüber das Gesicht verliert.

12. Kapitel

Zärtlichkeit und Sinnlichkeit

Ich liege am See und lese in einer bunten Zeitschrift, die gehobene Lebensart propagiert, einen der üblichen Artikel über Beziehungen, in diesem Fall über Zärtlichkeit, eigentlich über Zärtlichkeiten, genauer noch über Sex. Auf den Fotos abgebildet sind ausschließlich hervorragend gewachsene, makellos schöne Menschen mit samtener, leicht gebräunter Haut, die sich auf unterschiedlichste Art zärtlich berühren. Ich lese, daß Sex gewisse Hormone freisetzt, Frauen schöner macht (Männer nicht??) und so weiter und so weiter... und am Ende schließlich die Behauptung, daß Singles eine geringere Lebenserwartung haben als Ehepaare.

Ich räkele mich wohlig im Gras, die Sonne scheint warm auf meine Haut, die sicherlich nicht so makellos ist wie die auf den Bildern, ehrlich gesagt, schon ein bißchen faltig, eben durchschnittlich. Und doch empfinde ich Lust, obwohl ich ganz allein hier am See faulenze.

Die Kühle des Wassers erfrischt mich, die Sonnenstrahlen spenden wohlige Wärme, und die fächelnde Brise sorgt für angenehme Abkühlung.

Keine Chance, gute Frau, du bist zum frühen Tod verurteilt. Der Gedanke gefällt mir angesichts meines Gefühls von Pudelwohlsein absolut nicht. Warum muß ich und warum müssen mit mir alle Singles so früh abtreten, und warum haben alle Paare, die zwar Sex haben, aber doch nicht immer zärtlich sind, so immense Lebenschancen? Ich weiß doch selbst, wie das ist: Auf ein ganzes Leben gerechnet, war ich gar nicht so lange Zeit voll Euphorie verliebt und während meiner langen Ehe auch nicht ununterbrochen zärtlich.

Mir wird leicht grau zumute. Bin ich mit meinem Wohlbefinden nicht »normal«? Müßte ich eigentlich frustriert sein? Außerdem, was ist normal? Welche Norm gilt? Und für wen? Für alle, für die meisten oder wieder einmal nur für die repräsentative Mehrheit?

Da meldet sich gottlob Ego zu Wort, das gerade in Gefahr war, grün verfärbt einzuschrumpfen. Es ist jetzt schon so kräftig geworden, daß es sich rührt, bevor die Katastrophe da ist. »Hallo«, ruft es verzweifelt, »laß dich doch nicht an diesen Zeitschriftennormen messen. Natürlich darfst du jetzt, hier und sofort genießen, es dir einfach gutgehen lassen. Stell dir mal vor, du hast einen Typen neben dir, der gar nicht zärtlich ist, sondern nur so an dir rumfummelt, weil ihr zufällig zusammen da liegt. Er denkt vielleicht dabei an Direktor Meier, der ihn ständig anmosert und an seiner Karriere hindert.«

»Ja, ja, Ego, du magst recht haben, mir ist es lange nicht so bärig gut gegangen. Aber warum muß ich denn dann so früh abtreten?«

»Mußt du überhaupt nicht. Ich glaube, die sogenannten Singles sind nicht weniger lebensfähig als die sogenannten Ehepaare. Sie lassen sich nur von dieser Art Zeitschriften und mehr noch von den ganzen blöden Schlagertexten ins Bockshorn jagen. Darum rennen sie verzweifelt Dutzenden von vermeintlichen Liebschaften nach, ärgern sich, wenn es nicht klappt und der andere nicht nach Vorschrift mitspielt. Guten Sex haben muß man, sonst hat man irgend etwas nicht richtig gemacht – wie in der Schule. Wehe, wenn die Note schlecht ausfällt, dann wird das arme Ego geprügelt und geschunden, bis es krank wird. Und wenn Ego krank ist oder gar zum Pflegefall wird, dann geht der Rest auch bald zugrunde.«

»So gesehen müßte ich doch mit dir ganz lebensfähig sein. Aber kannst du mir erklären, warum Ehepaare dann so alt werden?«

»Durchschnittlich, meine Liebe. Außerdem welche Ehepaare? Wie viele sind denn nach dreißig Jahren heutzutage noch zusammen? Die wenigen, die das schaffen, sind anscheinend wirklich fit. Ich würde den Statistiken nicht so blind vertrauen. Genieß du nur so weiter und schäm dich nicht. Daß du mit mir allein, das heißt mit dir allein einen egophilen Urlaub verbringst, ist ja doch ein mutiger Schritt und absolut nicht die Norm. So was erscheint in keiner Statistik.«

Ich lege die Zeitschrift beiseite, weil mir die ewige fruchtlose Beziehungsdiskussion auf die Nerven geht, und lese lieber »Also sprach Bellavista« von de Crescenzo, in dem es um die Liebe der Neapolitaner geht, um die Liebe im Sinne Epikurs – kein Wort von gutem oder schlechtem Sex als Dauerübung einer Spezies, die mit einer permanenten Brunft gesegnet und geschlagen zugleich ist.

Inzwischen hat sich der See bleigrau verfärbt, ein paar Holzpfosten zeichnen sich grafisch präzise schwarz ab. In weiter Ferne als anthrazitgrauen, schmalen Streifen sehe ich das gegenüberliegende Ufer mit seinen Bäumen wie faseriges Filigran. Unter dem leicht bedeckten Himmel breitet sich vor mir eine Szenerie erlesener Grautöne aus, die ich am liebsten mit zarten Aquarellfarben malen möchte. Doch das habe ich seit meiner frühen Kindheit nicht mehr getan.

So male ich im Geiste mit zarten Aquarellfarben ein wunderschönes Bild für mich. Dabei gehe ich ganz in der Betrachtung der ständig wechselnden Farben auf und vergesse alles um mich herum. Eine unwiederbringlich kostbare Stunde der Stille und der atemberaubenden Schönheit.

Ich spüre, wie ich innerlich ganz weit und dabei sehr still werde. Mein grau-schwarzes Aquarell speichere ich mit vielen anderen in einem Winkel, aus dem ich es in weniger glücklichen Stunden hervorholen werde, um mich an ihm zu stärken.

Dieses Archiv kann mir nichts und niemand entreißen, solange ich lebendig und empfindungsfähig bin.

Auf dem Heimweg spüre ich, wie meine Fußsohlen, meine Handflächen jede Berührung mit den Gegenständen des täglichen Lebens sensibel und lustvoll aufnehmen. Hat einmal jemand gesagt, man sei einsam, wenn man allein ist? War ich es, die das befürchtet hat? Ich kann es mir heute nicht vorstellen. Mit diesen Gefühlen werde ich noch lange leben und vor allem lieben können – in jeglicher Hinsicht.

»Zum Kuckuck mit der Statistik«, murmelt ein pralles, rosiges Ego.

Intermezzo: Kleiner Kurs über Lust und Frust von Singles

Situation: Du bist allein – vorübergehend oder für immer, das weiß man nie –, und dir fehlt gerade im Urlaub die Zärtlichkeit eines liebenden Partners.

Stell dich ganz bewußt auf dein eigenes Wohlbefinden ein. Du allein hast es in der Hand, bist allein dafür verantwortlich.

Wenn es auch zunächst schwerfällt, verwöhn dich selbst nach allen Regeln deiner weiblichen Kunst. Mach dir immer wieder klar, daß keiner dir die Lust und die Laune verderben kann.

Seinen eigenen Körper spüren, ist ein wundervolles Erlebnis. Die Rückmeldung, die Antwort kannst du dir nur selbst geben.

Natürlich gibt es Gründe, das Alleinsein zu beklagen, aber Klagen ändern nichts an der Situation. Du wirst in einer künftigen Beziehung sehr leicht abhängig, wenn du nicht mit dir selbst zurechtkommst. Liebe und Abhängigkeit werden oft miteinander verwechselt. Viele meinen, die stärkste Liebe sei mit der vollkommenen Abhängigkeit gleichzusetzen. Das Gegenteil ist der Fall.

Die innere Freiheit ist es, die liebesfähig macht.

Fazit: Nimm dich bei der Hand, zeig dir selbst alles, was du für schön und betrachtenswert hältst, und dein Urlaub wird dir mehr einbringen als Sonnenbräune, nämlich ein schönes, zufriedenes Aussehen, freie Bewegungen und einen aufrechten Gang.

13. Kapitel

Der grüne Saal

Jedesmal, wenn ich allein in den Wald gehe, zögere ich, bevor ich durch die scheinbar undurchdringliche Wand eintrete. Mir ist, als müsse ich zuerst einmal klopfen oder klingeln. Ich weiß, die Bewohner öffnen nicht, denn sie leben ganz für sich in ihrer Welt.

Dennoch trete ich beherzt ein, die Tür des grünen Saals schließt sich leise hinter mir. Die Luft hier ist anders, neue Klänge berühren mein Ohr. Ich empfinde Vertrautheit, keine Furcht. Eine geschlossene Welt um mich herum. Zuerst zögernd, dann forscher schreite ich voran. Nur atmen. Nur gehen. Nur lauschen. Aber auch auf die Wegzeichen achten.

Kindermärchen drängen sich auf. Da geht einer durch den Wald und erreicht eine andere Welt, ein Zwergenreich oder ein Hexenreich oder einen verzauberten Berg. Oder er begegnet wunderlichen Gestalten, die die Erfüllung von Wünschen anbieten. Zauberquellen sprudeln. »Wer aus mir trinkt, wird ein Reh...«

Krack... ich stolpere über eine hohe Wurzel. Ausgeträumt. Nur nicht hinfallen. Ja nicht den Knöchel verstauchen oder gar ein Bein brechen. Vielleicht finden sie mich erst nach vielen Monaten. Dann sehe ich nicht nur alt, sondern auch ziemlich grausig aus. Kein schöner Fund. Hoffentlich finde ich nicht einen, dem das schon passiert ist. Es riecht so merkwürdig moderig. Mir fallen Zeitungsmeldungen ein, in denen Beerensammler die schon halb verweste Leiche des Theobald R. aufgestöbert haben. Schrecklich! Warum es nur so riecht?

»He«, mahnt Ego. »Du stolperst ja herum wie ein Schlafwandler. Reiß dich zusammen. Ich muß dich unbedingt heil zurückbringen. Ins Hotel tragen kann ich dich nicht, denn ich gehe zusammen mit dir ein. Also bitte, ein bißchen mehr Aufmerksamkeit.«

Ja, ja, ich bin doch schon wieder hellwach. Es gibt schließlich auch so viel zu sehen, zu hören, zu riechen. Auch Modergeruch, richtigen Wald-Moos-Pilze-Holz-Geruch. Neugierig gehe ich weiter, hinter jeder Wegbiegung erwarten mich neue, überraschende Bilder.

»Und die Markierung?« grunzt Ego.

Ja, die Markierung... Wo war denn die letzte? Ich laufe weiter, das Auge stur auf die Stämme gerichtet. Keine Markierung mehr. Dann eben zurück, aber schnell. Das Herz schlägt mir bis zum Hals.

Kein Märchenwald, sondern ein Riesenforst mit Hunderten von verschlungenen Wegen, die sich plötzlich alle ähneln. Ein Labyrinth ohne Faden. Kein Entrinnen? Zurück... immer weiter zurück. Oder bewege ich mich im Kreis? Sind das dieselben Bäume wie vorhin? Grün sind sie alle, ist alles ringsherum, und doch erscheint mir alles anders. Mit Hilfe der Armbanduhr stelle ich schließlich die Himmelsrichtungen fest. So müßte es nach meiner Karte mit der skizzierten Wanderroute stimmen.

»Du bist ein total vertrottelter Großstädter, verdorben durch den dichten Schilderwald an den Straßen. Rumträumen und rumstolpern gilt im richtigen Wald nicht«, mault Ego.

»Das nächste Mal passe ich rechtzeitig auf. Wir werden schon herausfinden«, tröste ich mich selbst.

Endlich habe ich die Markierung wiedergefunden. Ein Stein rollt von meinem Herzen, ein paar Angstschweißtröpfchen stehen auf meiner Stirn. Ich versuche, die erhöhte Stufe der Wachsamkeit nicht wieder zu verlassen.

Jetzt knallt in nicht allzu weiter Ferne auch noch ein Schuß. Jäger im Wald. Ob sie mich für Rot- oder Schwarzwild halten und einfach abknallen? Ich stelle mir die Waldfläche vor und rechne mir eine relativ günstige Chance aus. Außerdem schlüpft man im Alltag auch ständig zwischen tausend Gefahren durch. Und erst im Straßenverkehr... Ich vertraue blindlings auf mein Glück. Die Schüsse werden lauter, doch dann scheine ich das Jagdgebiet hinter mir zu lassen. Wieder eine Hürde überwunden.

Über zwei Stunden bin ich gegangen, zuerst schlichen die Minuten, jetzt rasen die Stunden. Das Waldtheater hat mich wieder in seinen Bann geschlagen. Kein Text, dafür ein Crescendo von Geräuschen, Bildern, Düften. Die Sinne öffnen sich weit, die Haut wird ganz dünn.

Plötzlich Schritte. Sie donnern in mein Ohr wie Kanonenschläge. Wer mag das sein? Das Blut erstarrt mir in den Adern. Ich werde käseweiß. Auf Menschen bin ich nicht eingerichtet. Wenn mich einer überfällt? Wegen meiner mageren Geldbörse oder wegen meiner zarten Figur? Vielleicht ein Sittenstrolch? Blödes Wort!

»Wenn hier einer auf einsame Frauen lauern wollte, dann müßte er ewig warten, bis eine kommt. Ich als Strolch würde mich nicht in einem so einsamen Wald aufstellen, wenn ich einer wäre. Wer hat schon so viel Geduld?« tröstet mich Ego.

Endlich nähert sich die Gestalt. Ein Wanderer wie ich, fünf Minuten später folgt seine schwitzende Gattin. Ich grüße beide höflich, werde etwas erstaunt zurückgegrüßt.

Puuh! Auch das wäre überstanden. Mir zittern die Knie. Ich setze mich auf einen Baumstumpf und hole mein Buch aus dem Rucksack. Mit Mineralwasser proste ich mir zu. Dann verschnaufe ich gründlich, lese, bis die Schatten lang und schräg werden. Das Gleichgewicht hat sich wieder eingependelt.

Ich genieße die Lektüre im grünen Saal, die ungebetenen Besucher haben mein Revier verlassen. Gern würde ich jetzt einen Freund zu mir einladen, mit ihm plaudern und ihn wieder verabschieden, zur grünen Tür geleiten.

So verabschiede ich, bevor es dämmerig wird, lieber mein Buch, geleite es nicht zur grünen Tür, sondern stecke es in meinen blauen Rucksack.

Allein gehen... keiner beschwert sich, daß der Weg zu lang oder zu kurz ist. Keiner klagt über Kälte, über Hitze,

Hunger oder Durst. Mein eigenes Tempo, meine eigenen Gedanken, bewegen, denken, rasten, bewegen, denken... Gedanken bis zur letzten Konsequenz zu Ende denken.

Augen auf, Ohren auf – plötzlich stehe ich wieder vor der grünen Tür.

Blinzelnd trete ich aus dem Wald. Bin weit fort gewesen. Komme aus einer anderen Welt.

Mein Auto steht vor einem kleinen Gasthaus. Ich trete ein. Meine Stimme versagt. Ich muß mich räuspern. Stottere herum, so sehr war ich nur auf Empfang eingestellt. Jetzt bin ich wieder da. In dieser Welt, wo meine Angehörigen, meine Freunde leben. Sie sind weit fort, aber dennoch in dieser Welt. Im grünen Saal waren sie es nicht.

»Morgen gehen wir zum Schwimmen«, meint Ego, »sonst wirst du grünsüchtig.«

»Meinst du? Na schön, aber übermorgen ist wieder der grüne Saal dran. Keine Angst, zu Hause werde ich wieder gesellig und gehe gern mit anderen in den Wald. Dann werde ich Gespräche, Gelächter und die menschliche Nähe doppelt genießen.«

Ego räkelt sich wohlig.

»Ich ernenne dich zum Dr. egophil. mit Note 1.«

»Danke.«

Intermezzo: Kleiner Kurs über Solo-Exkursionen in der Natur

Situation: Du möchtest nicht nur am Strand herumfaulenzen, sondern dich auch als Single in der Natur frei bewegen.

Such dir für Alleingänge nur Wege aus, die du sicher bewältigen kannst. Bedenke, daß es sehr mühsam ist, einen einzelnen Menschen zum Beispiel in einem großen Waldgebiet ausfindig zu machen. Schon ein verstauchter Knöchel kann dich in eine gefährliche Lage bringen.

Wenn du dich fürchtest, allein durch Wald und Feld zu

streifen, suche dir ausgeschilderte Wanderwege in der Nähe von Kur- oder Ferienorten aus, die zu einem Restaurant oder einer Hütte führen. Es ist sehr unwahrscheinlich, daß so ein Weg lange verwaist daliegt.

Meide im Winter vereiste oder glitschige Wege. Du wirst immer gebahnte Strecken finden, die besser begehbar sind.

Wenn du sicher sein willst, daß man dir im Notfall hilft, hinterlasse dein Ziel im Hotel oder in einem nahen Gasthof oder steck zur Not einen Zettel an die Windschutzscheibe deines Wagens.

Im Wald gibt es im Prinzip nichts zu befürchten. Laß dennoch teuren Schmuck im Hotel, je unauffälliger du dich herrichtest, desto sicherer kannst du vor Überfällen jeglicher Art sein.

Waldgebiete und große Parks am Rand von Großstädten sind gefährlicher als Wälder auf dem Land.

Verlaufen ist auch zu zweit möglich, doch kann man wenigstens Informationen austauschen oder den anderen für die Irrwege verantwortlich machen. Sich allein zu verlaufen ist sehr unerfreulich. Nimm daher gutes Kartenmaterial mit, benutze markierte Wege und steck für alle Fälle einen Kompaß ein, wenn du mit der Richtungsbestimmung per Armbanduhr nicht zurechtkommst. Bei stark bewölktem Wetter ist der Kompaß sowieso unentbehrlich.

Vermeide Streßsituationen, keiner treibt dich zu sportlichen Leistungen an. Kehre lieber um, wenn der Weg zu schwierig wird. Eine gemütliche Rast am Waldrand ist erholsamer als ein Gewaltmarsch, der deine Kräfte übersteigt.

Fazit: Laß deinen Gedanken, deinen Gefühlen und deinen Beinen freien Lauf im weitesten Sinne. Du wirst runderneuert zurückkehren und feststellen, daß es dir an nichts gefehlt hat.

14. Kapitel

Der anthrazitgraue Tag

Am schlimmsten ist es, wenn sich dieser gefürchtete Tag schon morgens ankündigt. Dann dauert er am längsten. Am zweitschlimmsten ist, daß er mir bei jeder längeren Alleinreise passiert.

Die gemeinsten dunkel- bis anthrazitgrauen Tage sind sogar wetterunabhängig, so daß ich die Meteorologie als Ursache gleich beiseite lassen kann und die Ursachenforschung samt Abhilfe ganz allein auf Ego abwälzen muß.

Der berüchtigte Tag stellt sich immer ein, wenn der erste Schwung der Begeisterung vorbei ist, der Urlaubsalltag sich einstellt und das Abschiedsweh noch nicht eingesetzt hat. Also kurz nach der Mitte.

Ich öffne morgens völlig arglos das linke Auge. Die Sonne strahlt ins Zimmer, doch heute lacht sie nicht, sie beißt mich höhnisch in den Augapfel. Auge zu. Es hilft nichts. Der Magen, der sich geschützt vor den Sonnenbissen noch unter der Decke versteckt, sendet ungute Signale. Er will nicht weiterschlafen. Zwar spricht man gewöhnlich vom schweren Herzen, bei mir liegen die Bleigewichte tiefer.

Einschlafen, durchschlafen, denke ich. Nützt nichts, ich bin schon sechzehn Tage hier, also ausgeschlafen.

Ächzend wälze ich mich im Bett. Lesen? Nein! Frühstükken? Um Himmels willen. Wo steckt Ego nur? Heute muß es gelockt, mit aller List verführt werden. Auch das noch.

Ohne Ego bin ich nur eine matte Hülle aus Fleisch mit Hautüberzug und ein paar Haaren. Und Falten!! Ich jammere, klage und stöhne vor mich hin. Das tut zwar gut, doch auf die Dauer langweilt es mich. Ego blinzelt um eine Ecke. Es ist nicht ganz verloren, hat sich nur verschlupft. Komm näher, locke ich, halt zu mir. Doch Ego ist beleidigt, ziert sich, ist platt und gelbgrün, zieht sich wieder zurück.

Draußen zwitschern die Vögel infernalisch fröhlich in mein gequältes Ohr. Die haben leicht Liebeslieder singen. Sie zeigen es mir richtig, daß sie nicht allein sind. Und die Fliegen marschieren heute provozierend paarweise über die weiße Wand.

Die offizielle Frühstückszeit nähert sich ihrem Ende. Ich erhebe mich zerschlagen und schleiche wie ein geprügelter Hund in den Frühstücksraum. Der Ober sagt heute nicht guten Morgen. Es ist überhaupt ein anderer. Mein Tisch am Fenster ist besetzt, und gerade heute wollte ich unbedingt am Fenster sitzen. Stumpf brüte ich über meiner Kaffeetasse. Beneide heute sogar die tristesten Paare.

»Wie gerne würde ich heute angemotzt«, seufze ich still in mich hinein. »Ich sehne mich geradezu nach mieser Behandlung. Vielleicht sogar nach Prügeln – irgendeiner Behandlung, die mir gilt.«

»Prügel tun weh, und wir haben auch noch nie welche bekommen, du redest Quatsch«, läßt sich Ego leise und verzagt vernehmen. Wenigstens ist es wieder vorhanden, wenn auch nicht gerade in Hochform.

»Na endlich rührst du dich wenigstens. Scheint heute nicht viel zu werden mit uns.«

»Nee«, meint Ego und verschwindet wieder.

Ich sitze bei meiner dritten Tasse Kaffee, rauche mißmutig vor mich hin. Die Morgenzeitung liefert nur Langeweile. Der Gang der Geschichte läßt mich kalt, das Horoskop verheißt Streß im Geschäft, und der Wetterbericht ist mir wirklich egal.

Doch Tage kann man nicht wegwerfen, wie wir es in unserer Gesellschaft mit unliebsamen Gegenständen zu tun pflegen. Was, du bist kein angenehmer, schöner Tag? Weg mit dir in die Mülltonne, Sondermüll – giftig! Wenn ich alle miesen Tage meines Lebens weggeworfen hätte, wäre ich wahrscheinlich schon tot, fällt mir ein. Also ist dies trotz allem ein Tag, der nicht nachgeliefert wird, auch wenn er mißlingt. Vom Umtausch ausgeschlossen.

Ego hat endlich Erbarmen. Es flüstert mir mit ersterbender Stimme zu: »Ich weiß was. Zieh das weite, weiche grüne Kleid an, mach dich hübsch. Und dann legst du dich in den Garten in die widerlich aufdringliche Sonne und entspannst dich erst einmal.«

Das Frühstückszimmer hat sich schon geleert, der neue Ober schaut drohend zu mir herüber. Ich muß mich bewegen. Also mache ich mich so hübsch es geht; das Kleid aus weichem Stoff fühlt sich angenehm an. Vor dem Hinausgehen vergesse ich jedoch nicht, mir vor dem Spiegel die Zunge herauszustrecken und meine Falten in entsetzlichen Grimassen spielen zu lassen. Der schön gepflegte Garten gefällt mir heute ganz und gar nicht. Ich wandere herum, sitze, liege, stehe. Bin rastlos, sitze, liege, stehe weit neben mir. Die Zeit schleicht.

Ego, wo steckst du denn nur? Hast du mich im Stich gelassen? Ich döse mißmutig vor mich hin, als Ego auftaucht und das Notfallpäckchen aufschnürt. Mit letzter Kraft, ganz schlaff legt es ein Netz mit kleinen Lichtern an den Kreuzungspunkten aus.

»Laß dich nicht vollkommen fallen, hier können wir uns das nicht leisten. Niemand fängt uns auf. Hier sind wir ausgesetzt – gnadenlos. Dafür habe ich das Netz mitgenommen.«

Ein Netz – ja, das brauche ich jetzt, ich muß es mir ganz allein schaffen. Aus eigener Kraft.

»Denk an was Schönes«, fordert Ego mich auf.

»Gibt's nicht, ich bin stumpf. Mir fällt nichts ein.«

Ego schlägt vor: »Spazierengehen.«

Ein Lämpchen leuchtet auf und erlischt sofort wieder.

»Schwimmen.«

Die gleiche Reaktion.

»Radtour.«

»Bist wohl verrückt.«

»Joggen, Tennis spielen, Bergsteigen, faulenzen...«

»Wmpff...«

»War wohl nichts. Ein letzter Versuch: Wie wär's mit in die Stadt fahren, Läden anschauen?«

Endlich flackert ein Lämpchen auf.

»Kauf dir etwas Besonderes, was du eigentlich nicht brauchst.«

Ein zweites Lämpchen leuchtet auf, das Netz wirkt stabiler. Ächzend erhebe ich mich. Setze mich ins Auto, fahre in die Stadt. Das Rollen auf der Straße, die Fortbewegung tun gut. Die kleine Stadt sprudelt vor Leben. Wie eine Traumtänzerin wandere ich durch die Menge, das Netz mit den Lämpchen vor Augen. Sie dürfen auf keinen Fall erlöschen.

Ich sehe in die Schaufenster, nichts gefällt mir, nichts verlockt mich auch nur zum näheren Hinsehen. Die Lämpchen flackern gefährlich. An so einem Tag kann ich mich nicht schmücken, nicht auswählen und schon gar nichts kaufen. Ein Café in der Fußgängerzone bringt die fast erloschenen Lichter wieder zum Leuchten.

»Sorbet mit Champagner«, steht auf der Getränkekarte. Viel zu teuer. Das Licht flackert. Ich bestelle dennoch, das Lämpchen strahlt hell auf.

Ich spiele das Luxusweib, wenn auch nicht gerade in einer Komödie.

Der Tag schleicht gnadenlos langsam dahin. Plötzlich sehe ich auf einem Plakat die Ankündigung einer Ausstellung in einem Barockschlößchen, 150 Kilometer von hier. Deutsche Expressionisten. Die Farben des Plakats beleben mich. Der Ort ist weit. Zu weit? Heute nicht. Unerbittlich verfolge ich die Lämpchen in meinem Ego-Netz, die jetzt hell strahlen. Also setze ich mich wieder ins Auto, stecke meine schönsten Cassetten in den Recorder.

Die ersten Musikversuche mißlingen. Lärm – keine Musik. Am Ende finde ich eine Jazz-Cassette mit Louis Armstrong. Der hat mir schon manche miese Stimmung verscheucht, wenn ich als junges Mädchen an tödlichem Liebeskummer litt. Ich brumme vor mich hin, die heisere Stimme zu imitieren ist mir immer leichtgefallen. Ein erster Erfolg an diesem Tag.

Nachdem ich die Cassette dreiundeinhalbmal durchgebrummt habe, stehe ich endlich vor dem kleinen Schloßmuseum, das, von einem tiefgrünen Park umgeben, friedlich daliegt. Keine Touristen, keine Busse – tiefer Frieden.

Die Bilder legen sich wie Pflaster auf meine wunde Seele. Noch nie habe ich die klaren Farben von Kirchner, Heckel und ihren Zeitgenossen so intensiv erlebt. Meine Augen saugen sie förmlich auf wie ein kühles Getränk nach langem, staubigem Weg.

Gegen Abend löst sich der Druck und macht einer lichtgrauen Stimmung Platz, deren Töne sich mit den verblassenden Farben der Landschaft auf dem Heimweg wohltuend mischen. Die grelle Sonne ist untergegangen.

»Eigentlich geht es uns doch gut«, murmelt Ego leise.

»Hmm. Warum?«

»Du hast gesunde Gliedmaßen, kannst sehen, hören und empfinden – Schönes und Trauriges.«

»Ja, du hast recht. Und ich kann verreisen.« Meine Stimmung wird heller.

»Du kannst essen und trinken, und du hast ein schönes Zimmer.«

»Ich habe viele Freunde zu Hause und Kinder, die mich erwarten.«

»Und wir haben kein Erdbeben und keinen Orkan und keinen...«

»Und wir haben Frieden«, unterbreche ich voll Dankbarkeit. »Ich werde versuchen, an düsteren Tagen öfter daran zu denken.«

Still, sehr still kehre ich ins Hotel zurück. Ego leuchtet in einer lieblich graulila Farbe, hängt noch etwas schief.

Nach dem Essen lese ich mich in den Schlaf. Bin erschöpft wie nach einem langen Marsch durch eine bizarre Landschaft. Die Dunkelheit und die Kühle der Nacht tun gut.

Am nächsten Morgen fühle ich mich wie neugeboren, wie nach einem reinigenden Fieber genesen.

Ego kichert, ist rosig und vergnügt.

Müssen diese dunklen Tage sein? Was wäre geschehen, wenn ich nicht allein gewesen wäre? Vielleicht wäre ich nicht so tief abgestürzt, hätte meinem Unmut mit unguten Äußerungen Luft verschafft. Hätte meinen Partner ratlos gemacht. Vielleicht hätte es Krach gegeben und eine schöne Versöhnung. Vielleicht auch keinen Krach und keine Versöhnung. Vielleicht hätte ich wie so oft alles überspielt.

Der Tag danach ist immer besonders licht und leicht, voller Aktivität und Frische, wie nach einem inneren Hausputz. Nur falle ich an jedem Seelen-Putztag immer wieder herein und muß lange nach dem schmalen Lichtspalt suchen, der mich aus dem Dunkel führt.

Den anthrazitgrauen Tag streiche ich nicht aus meinem Tagebuch. Ich nehme ihn hin – nur, rückwirkend an den folgenden Tagen zu behaupten, man möchte ihn nicht missen, ist relativ leicht und entspricht auch nicht der vollen Wahrheit.

Intermezzo: Kleiner Kurs über anthrazitgraue bis schwarze Tage

Situation: Schon morgens spürst du, daß etwas nicht stimmt. Du rutschst langsam, aber sicher in eine düstere Stimmungslage.

Die anthrazitgraue Stimmung kann jeden befallen, ob jung oder alt, weiblich oder männlich. Du solltest dich wegen dieses Malheurs nicht schuldig fühlen. Ganz sicher hast du nichts falsch gemacht.

Hole rechtzeitig deine Notausrüstung hervor. Spanne dein Netz aus. Laß dich nicht fallen. Es fängt dich keiner auf, und du kannst deine Unlust auch an niemandem auslassen. Der Sturz kann sehr tief gehen.

Denk daran, daß du im Urlaub bist, den du dir nicht nur mühsam verdient, sondern auf den du dich schon lange gefreut hast.

Mobilisiere alle deine Sinne. Denk an alles, was dir erfahrungsgemäß immer Freude macht: an Bewegung, körperliche Anstrengung oder einfach den Anblick von etwas Schönem.

Mach dir klar, daß der Weg zur Abhilfe dir völlig freisteht. Allerdings mußt du herausbekommen, was du willst. Zunächst wird dir vielleicht alles einfallen, was du nicht willst, was dir überhaupt keinen Spaß macht. Aber irgendwann bist du mit deiner Weisheit am Ende, und die erfreulicheren Dinge drängen nach vorn.

Frag dich ab, was du für dich tun kannst und möchtest. Wo ein kleines Lustfünkchen aufglüht, frage weiter. Wenn es erlischt, fang unermüdlich von vorne an. Es ist wie ein sportliches Training, das dich fordert und dadurch aus der lähmenden Lethargie reißt.

Wenn ein Fünkchen entfacht ist, dann verwirkliche deinen Plan, auch wenn du weite Wege zurücklegen oder etwas mehr ausgeben mußt. Schieb keine falschen Gründe vor, warum du den Plan nicht ausführen kannst. Frag lieber: Warum nicht?

Einen erlesenen Wein trinken kann weiterhelfen, sich betrinken kommt dem Fallenlassen gleich. Der Kater am nächsten Tag fördert die Stimmung nicht. Gut essen hilft, sich vollschlagen erzeugt nicht nur Magendrücken und entsprechende Stimmung, sondern es bedeutet aufgeben.

Die letzte Konsequenz wäre abhauen, nach Hause fahren. Doch standhalten ist allemal besser als flüchten.

Fazit: So ein Tag ist wie eine Fitneß-Runde. Dem nächsten Tag wirst du gestärkt begegnen.

15. Kapitel

Höhepunkte

Sich selbst auffangen an anthrazitgrauen Tagen, lichtgraue, dann wieder hellrosige Tage erleben. Die Intensität der Erlebnisse beutelt und streichelt mich in einem ständigen Wechselbad. So führe ich ganz für mich allein ein Extra-Leben für wenige kurze Wochen.

Auch Höhepunkte gibt es immer wieder, die sich ganz überraschend einstellen.

Nach dem ersten Abend am Heldenplatz habe ich viel erlebt, was mich stark berührte, mir Freude machte, mich auch zum Lachen brachte. Ich kann sehr gut allein lachen, nur lache ich dann nicht so laut, sondern eher nach innen.

An dieser Stelle möchte ich von zwei außerordentlichen Erlebnissen erzählen, deren Ursachen auf den ersten Blick eher undramatisch und nicht besonders aufregend aussehen, deren Nachwirkungen jedoch noch weit in meinen Alltag hineinstrahlten.

Schon als Kind hatte ich die Gabe, Momente übergroßen Glücks so in mir aufzubewahren, daß ich später in Gedanken immer wieder zu ihnen zurückkehren konnte. So ergeht es mir heute mit den Höhepunkten meiner Alleinreisen. Ich denke in diesen Augenblicken oft: »Verweile doch, du bist so schön«, werde aber nicht wie weiland Dr. Faustus verdammt, weil ich es mit keinem Teufel vorher ausgemacht habe. Dafür habe ich auch nicht eine einzige Minute meines Lebens zusätzlich ausgehandelt und erhalten.

Einen Höhepunkt erlebte ich in der Türkei. Das Szenario: die Terrasse eines x-beliebigen Bungalowhotels, eine warme Mainacht. Die Darsteller: Achmed, der türkische Reiseleiter unserer Gruppe, ich selbst als abendlicher Restposten derselben, später der verschlafene Hotelbesitzer und Hazan, Achmeds Freund.

21 Uhr: Die Gruppe hat sich nach dem Abendessen urplötzlich aufgelöst. Ein anstrengender Tag mit vielen neuen Eindrücken liegt hinter uns. Vor mir steht noch mein Glas mit hellrotem, herrlich trockenem leichten Wein des Landes. Auch ich bin eigentlich müde, möchte nur noch langsam austrinken und mich zu meinem Buch zurückziehen.

»Du hast doch Kummer, irgend etwas bedrückt dich. Willst du mir davon erzählen oder möchtest du ihn lieber für dich behalten?« Es ist Achmed, unser Reiseleiter, der sich leise an meinen Tisch gesetzt hat.

Ich sehe ihn erstaunt an. Die letzten Tage habe ich so viel gelacht wie schon lange nicht mehr, habe mit allen Mitreisenden geplaudert und das Land in vollen Zügen genossen. In der Gruppe gelte ich als Spaßvogel.

Die Frage tut mir unendlich wohl. Hier hat ein mir unbekannter Mensch mit orientalischer Sensibilität meine geheimsten Schwingungen erfaßt.

»Ja«, sage ich, »ich werde dir erzählen, was mich bedrückt.«

Mit mir selber ungewohnter Offenheit erzähle ich meinem Gegenüber von meiner zerbrochenen Ehe, von meinen Schuldgefühlen, von meinem Schmerz und der erst kürzlich neu erworbenen Selbständigkeit.

»Ich habe es gespürt, denn mir geht es genauso«, meint Achmed.

Und ich hatte ihn für einen fröhlichen, unkomplizierten Mann gehalten, der uns alle mit seinen Scherzen aufs beste unterhielt. Ich muß gestehen, daß ich, die Abendländerin, nicht so viel Feingefühl aufgebracht hatte wie er. Achmed wartet seit zehn Jahren schon auf die Rückkehr seiner Frau, von der er sich noch zwei Kinder wünscht, die er Evolution und Revolution nennen will.

22 Uhr: Wir haben unsere Situation und unsere Vorgeschichte ausführlich besprochen, jetzt spenden wir uns gegenseitig Trost. Einer versichert dem anderen, daß er eines Tages wieder mit den so schmerzlich Vermißten glücklich sein werde.

Der Wirt tritt auf. Er trägt ein langes weißes Nachthemd, sein Kopf glüht vor Zorn. In seinem neuen Hotel ist er nächtliche Gäste auf der Terrasse noch nicht gewöhnt. Lautstark beschwert er sich über die Ruhestörung. Es entspinnt sich ein heftiger türkischer Dialog. Die Flüche sind, ich spüre es, sicher nicht für zarte Damenohren geeignet. Achmed hat wohl kräftiger geflucht oder besser argumentiert, jedenfalls verschwindet der Wirt brummend und dreht das Licht ab.

Der Mond wirft jetzt einen matten Schimmer auf die Szenerie. Der wechselseitige Trost hat angeschlagen. Wir kommen ins Erzählen. Achmed verfällt immer mehr in den Tonfall von Berlin-Nord, wo er nicht nur zehn Jahre gelebt und Deutsch gelernt, sondern sich auch den Witz und die Schlagfertigkeit der Bevölkerung angeeignet hat.

23 Uhr: Die stille Heiterkeit der Nacht macht uns schließlich beide zu Geschichtenerzählern. Achmed schildert seine Berliner Zeit aus der Sicht eines »Gastarbeiters« bei Siemens, jongliert mit witzigen Sprüchen aus der Stadt meiner Jugend, die bei mir auf fruchtbaren Boden fallen. Seit meiner Schulzeit habe ich nicht mehr so über Berliner Redewendungen gelacht. Nach und nach erwacht auch in mir die »Lust am Fabulieren«, wir überbieten uns gegenseitig, setzen eine Geschichte auf die andere, jede skurriler und lebendiger als die vorige.

Der Mond geht langsam unter, als ich bei schottischen Gespenster- und Viehdiebsgeschichten gelandet bin, die sicherlich heute in der Türkei als original anatolische Märchen die Runde machen.

Mitternacht: Hazan tritt auf. Mit strahlendem Lächeln legt er eine langstielige rote Rose vor mich auf den Tisch. Er spricht kein Wort meiner Sprache. Ich rücke mit meinem gesamten türkischen Wortschatz heraus, als ich mich bedanke.

Das Geschichtenerzählen geht weiter, jetzt abwechselnd auf türkisch und auf berlinerisch.

1 Uhr: Wir wechseln den Schauplatz. Ein kleines Café im

nahen Ortszentrum hat noch geöffnet. Wir sitzen unter einer über und über bewachsenen, duftenden Mauer. Bis nach 3 Uhr morgens reicht unser Schatz an wunderlichen, grausamen, verrückten, nachdenklichen und fröhlichen Geschichten. Literatur mischt sich mit selbst Erlebtem, selbst Gehörtes mit irgendwo Aufgeschnapptem.

Was für eine Nacht! Drei Menschen an einem Tisch erzählen mit leiser Stimme in zwei Sprachen abwechselnd. Eine Geschichte für mich, eine für Hazan. Eine Geschichte für Achmed, die Übersetzung für Hazan.

Es wird 4 Uhr, das kleine Café hat sich geleert, die Stühle werden nach und nach auf die Tische gestellt. Wir treten schweigend den Rückweg an.

Morgenland und Abendland haben sich berührt, ohne nacheinander zu grapschen.

Szenenwechsel: Ein Hotelzimmer in Italien. Einziger Darsteller bin ich, ganz allein. Requisit: ein kleiner Fernsehapparat auf dem Schreibtisch. Es ist nach 23 Uhr.

Ich habe Briefe geschrieben, Notizen gemacht, gelesen.

Eigentlich mag ich das Fernsehen nicht, doch heute abend möchte ich ein Fenster in die Außenwelt aufstoßen, möchte ein paar Worte in meiner Sprache hören. Ich spiele mit der Fernbedienung des Geräts herum. Plötzlich erscheint auf dem Bildschirm eine Übertragung von den Wiener Festwochen: Friedrich Gulda und Adam Markowicz an zwei Flügeln. Die beiden Männer spielen sich gegenseitig zu, kommunizieren mit Musik, mit Blicken, mit Gesten. Schon nach wenigen Augenblicken bin ich verzaubert. Hier werden Geschichten auf dem Flügel erzählt.

Auf Zehenspitzen gehe ich zu meinem Schrank und ziehe mich um. Zu diesem Konzert gehört ein festliches Kleid. Ich lege Schmuck an, frisiere und schminke mich. In der Minibar gibt es Champagner. Ich gieße mir ein Glas ein, setze mich in meinem schönsten Festgewand auf mein Bett und proste mir selbst zu. Die Musik und der Champagner wirken auf mich wie der glitzernde Weihnachtsbaum in Kindertagen, ich teile die Begeisterung des Festspielpublikums, gehöre dazu, bin eine von denen dort im Saal. Nur den Champagner habe ich zusätzlich. Jetzt wünsche ich mir fast einen Freund, der seinen Arm um mich legt und mit mir schweigend genießt. Schön genug bin ich herausgeputzt.

»Und wenn der das Konzert gar nicht zu schätzen weiß und lieber spazierengehen oder gar an der Bar sitzen will?« Ego meldet sich, weil meine Sinne ins Abseits geraten sind. Wie ein Schiedsrichter pfeift es mich zurück auf meine Glückswolke.

Und da bleibe ich sitzen bis morgens um zwei, losgelöst, wunschlos glücklich und den Höhepunkt dieses Tages oder dieser Wochen mit vollen Zügen auskostend. Auf lauten Applaus am Ende verzichte ich nur, weil ich nicht weiß, wie schalldicht die Wände dieses Hotels sind. Vielleicht ist das Ego nebenan sehr ruhebedürftig.

Intermezzo: Kleiner Kurs über glückliche Stunden

Situation: Du erlebst wider Erwarten schon auf deiner ersten Single-Reise Dinge, die dein Herz bis zum Zerspringen erfüllen.

Du brauchst keinen Kurs, denn Erleben ist alles. Nichts ist vorhersehbar, und Höhepunkte kannst du nicht planen. Freu dich an der Freude, nimm Glücksmomente dankbar an, und bewahre sie sorgfältig in dir auf für dein ganzes Leben.

Fazit: Bereitsein und Offenheit gegenüber allem Schönen sind deine beste Ausrüstung für beglückende Erlebnisse.

16. Kapitel

Von Abschied und Heimkehr

Am letzten Tag meines Urlaubs fühle ich mich verurteilt, vertrieben aus dem Paradies wie weiland Eva (nur ohne Adam). Schon am Morgen plagt mich der Gedanke an das nun fällige Trinkgeld für den Ober, den Kofferträger, den Masseur, das Zimmermädchen – die trinkgeldheischende Truppe nimmt vor meinen verängstigten Augen die Stärke einer Fußballmannschaft an. Ich stelle mir vor, wie der Empfänger mir vor den Augen der verächtlich grinsenden Menge die Scheine vor die Füße schleudert oder wie er errötend das Geld zurückgibt, weil die Summe höchstens einem Ölscheich, nicht aber einer alleinreisenden Frau zusteht.

Jetzt hätte ich gern jemanden bei mir, den ich fragen könnte. Es ist einer der wenigen Momente, in denen mich das Alleinreisen reut. Es nützt nichts, ich rechne herum, dividiere, addiere, subtrahiere, multipliziere, bis mir einfällt, daß ich heute ja noch Urlaub habe, eigentlich hervorragend gelaunt bin und das ganze Problem auf den Morgen der Abreise verschieben kann. Wenn ich mit einem Fuß schon aus der Tür bin, kann mir niemand mehr viel anhaben und die Reaktion erfolgt in meiner Abwesenheit.

Mit diesen tröstlichen Gedanken wende ich mich dem Abschiedsprogramm zu. Zunächst besuche ich noch einmal die von mir abgesteckten Reviere und entlasse sie mit einem Abschiedsblick aus meinem Besitz.

Doch an meinem Badeplatz erwartet mich die erste Enttäuschung. Ich gehöre nicht mehr hierher. Es sind ganz andere Leute da als bisher. Meine Lieblingsstelle ist bereits besetzt von denen, die noch bleiben dürfen. Dennoch genieße ich noch einmal das kühle Wasser, noch einmal und immer wieder… Ich möchte das Gefühl der feuchten Kühle am liebsten mitnehmen in den grauen Herbst meines Alltags.

So zeichne ich an diesem Vormittag noch einmal alle Eindrücke der letzten Tage in mir auf – ohne Fotoapparat, ohne Tonbandgerät. Augen zu – Gerät läuft.

Am Nachmittag fällt mir ein, daß ich mir noch eine kleine Stadt für den letzten Tag aufbewahrt habe. Bisher bin ich immer nur durchgefahren, wollte nicht anhalten, hier den krönenden Abschluß suchen.

Doch an diesem letzten Tag – und das erlebe ich jedesmal in der einen oder anderen Form, in jedem Land und zu jeder Jahreszeit, ob mit oder ohne Begleitung – will nichts gelingen. Die Stadt erweist sich als enttäuschend, das verlokkende Schloß oben auf dem Hügel ist nicht zugänglich. Nichts ist so, wie es in den letzten Tagen war. Die Tore zur Seligkeit schließen sich langsam, aber unerbittlich.

Das letzte Abendessen, die »Henkersmahlzeit«, denke ich, wieder ein Wort, das an Verurteilung erinnert. Doch steht dem Delinquenten etwas Extrafeines zu. Ich bestelle zum Dessert einen Champagner und wünsche mir eine gute Heimreise. Meine Siebensachen sind schnell gepackt. Das Zimmer sieht jetzt wieder aus wie Nummer 17 und gehört mir nicht mehr. Heute abend bin ich träge, habe keine Lust mehr für eine Abendaktivität. Genug geplant, genug genossen. Ich sitze nur auf der Terrasse, schaue in den mondlosen Himmel und lausche den Geräuschen, die aus der Ferne zu mir dringen.

Lange nichts mehr von Ego gehört, denke ich. Zu sehen ist es nirgends. Wahrscheinlich hat es sich briefmarkendünn irgendwo versteckt, ist eingeschrumpelt wie ein vorjähriger Apfel.

»Hallo, ich brauche dich«, rufe ich fordernd. »Ich will schließlich mit dir nach Hause fahren, du bist der einzige Zeuge einer wundervollen freien Zeit – nicht nur einer Freizeit. Ich habe keine Fotos, nur etwas flüchtig Notiertes – und dich, also laß dich blicken.«

Nicht geschrumpft und nicht dünn, sondern rosig, rund und vergnügt klettert Ego aus seinem Versteck.

»Bravo«, ruft es, »da capo! Oder vielmehr Zugabe, wie

man sich wohl moderner ausdrückt. Zu-ga-be... Zu-ga-be...«

»Ja, komm her, bleib bei mir und schrumpfe mir ja im Alltag nie wieder ein, hörst du! Von jetzt an tust du, was ich dir sage. Du wirst stark, rosig und fröhlich mit mir sein.«

»O.k.«, Ego hüpft auf und ab, »ich bin o.k., du bist o.k., ich ernenne dich zur Königin der Egophilen.«

Jetzt habe ich die Kurve genommen. Ich freue mich auf zu Hause, auf meine Freunde, sogar auf meine Arbeit.

Ich sinke in das mir schon fremd gewordene Bett in dem Zimmer, das mir nur noch Ausgangspunkt für die Heimreise ist.

Am nächsten Morgen steht schon der Wäschewagen vor der Tür, als ich mein Zimmer verlasse. Endgültig aus der Traum. Beim Frühstück erscheinen mir die Gäste, die noch bleiben dürfen, wie hinter einer Glaswand. Sie gehören nicht mehr zu meiner Welt. Ich grüße freundlich, bin aber schon weg.

Die Trinkgeldfrage löst sich wie von selbst. Ich verteile nach Gutdünken, es wird weder geflucht noch verschämt gegrinst. Als ich in mein Auto steige, bin ich innerlich schon einige hundert Kilometer voraus.

Ein gutgepflegtes Ego reist mit mir in den letzten Tag hinein. Dieser Reisetag wird noch ein richtiger Ferientag sein, das nehme ich mir fest vor.

Ich rolle durch die vertraut gewordenen Nachbarorte, die weniger vertrauten, noch nicht besuchten, durchquere Landschaften, die neu für mich sind. Vergessen habe ich hoffentlich nichts. Auch heute raste ich ausgiebig, will Zeit gewinnen, die Rückkehr hinauszögern. Auch heute wieder kleine Umwege, jedoch keine Abwege mehr.

Die letzte Grenze. Ich bin wieder »drin«, strebe jetzt geradlinig nach Hause. Irgendwo hakt sich das Seil wieder ein, das bei der Abreise »flupp« gemacht hatte. Jetzt zieht es mich wie ein Pferd in den Stall.

Die weniger vertrauten Straßen, die vertrauten – da steht

mein Wohnhaus. Mein Zuhause. Schön, daß es so dasteht, als sei nichts gewesen. Es hätte ja auch abbrennen können.

In der Garage gebe ich meinem Auto einen Klaps. Brav gemacht, alter Junge.

Mit Koffern, Tüten und Taschen beladen, laufe ich die Treppen hinauf zu meiner Wohnung, schließe auf und lasse mich aufseufzend in einen Sessel fallen.

Teil III
Extra-Touren

Single on tour im Wald, am Strand, im Restaurant und im Hotel – davon habe ich aus ganz persönlicher Sicht berichtet. In der einen oder anderen Weise hat es sich immer wieder nach diesen Mustern abgespielt, bei wechselnder Kulisse.

Vollkommen anders verlief das, was ich hier als »Extra-Touren« bezeichnen möchte: das Reisen mit einer großen Gruppe, in der ich als Einzelperson unterzugehen drohte, und ein Kurzaufenthalt in absoluter Stille und Einsamkeit mit der Gefahr des Untergehens in den eigenen Empfindungen. »Härtetest« nenne ich dieses Kapitel etwas überspitzt, wobei mir bewußt ist, daß es wesentlich härtere Streßsituationen gibt: auf einer einsamen Insel, im Hochgebirge, im ewigen Eis, in der Wüste. Dieses Buch handelt jedoch nicht von Expeditionen, sondern von Beobachtungen und Erfahrungen, die jede reisende Single-Frau selbst nachvollziehen kann.

17. Kapitel

Ein Nest in der Gruppe?

Einmal nicht selbst organisieren müssen, einmal behütet sein in einer Gruppe, das war mein Wunsch, als ich mich zu einer Studienreise in den Süden entschloß. Thema: »Renaissance in Italien«.

Dazu kam noch eine gehörige Portion Neugier: Wie sind die anderen? Wie geht es mir inmitten einer Schar von Menschen, die ich vorher nicht gekannt habe und nachher höchstwahrscheinlich nicht mehr kennen werde?

Ob man in einer Gruppe Nestgefühle entwickelt? Ich weiß, daß viele Singles diese Reiseform nicht nur schätzen, sondern als die einzig mögliche betrachten. Im letzten Jahr war ich soviel herumzigeunert, daher erschien mir das Angebot verlockend.

Drei Tage, bevor die Fahrt losgehen soll, treffen wir bei einem Familienausflug ins bayerische Oberland auf eine jener Busreisegruppen, zu denen ich jetzt auch bald gehören soll.

»So siehst du am Samstag auch aus«, feixt mein Sohn.

Mir wird flau. Graue oder vielmehr beigefarbene Mäuse wuseln um einen startbereiten Bus herum. Wie es schnattert und schiebt und drängt! Der Reiseleiter versucht mit rudernden Armbewegungen eine gewisse Ordnung in das Chaos zu bringen. Er schwimmt, und das Mäusemeer ergießt sich tröpfchenweise unendlich langsam durch die Tür in das Fahrzeug.

»Wir sind aber nicht beigefarben, was hast du uns da aufgehalst«, seufzt Ego leise.

Es hat recht, ich hatte nur an die Renaissance und an Italien gedacht, nicht aber an Mäuse.

Ich werde mit Ego auf Schulterschluß gehen müssen, das weiß ich jetzt schon. Wir dürfen uns keine Sekunde aus den

Augen verlieren, müssen auf jeden Fall zusammenhalten. Sicherlich werde ich wertvolle Erfahrungen sammeln, und insgeheim hoffe ich immer noch, daß an der Renaissance interessierte Mäuse vielleicht nicht ganz grau, sondern wenigstens ein bißchen farbig sind.

Mit gemischten Gefühlen finde ich mich am Samstag lange vor der Zeit am beschriebenen Sammelpunkt ein. Der Traum von der Nacht zuvor läßt mich nicht los. Von einem Haus hatte ich geträumt. Viele Zimmer, keine Türen und Fenster. Es war mein Haus, in das ich nichts und niemanden hineinlassen wollte. Auch keine Mäuse. Das fängt ja gut an. Eigentlich bin ich ein geselliger Mensch, aber wenn einem schon in der Nacht solche Warnzeichen gesandt werden...

Doch jetzt reißt mich die erste Maus aus meinen Gedanken. Sie ist natürlich beigegrau, trägt einen beigefarbenen Hut und zieht ein beigefarbenes Köfferchen auf Rollen hinter sich her. Sie sichert links und rechts, äugt umher, erkennt mich nicht als ihresgleichen und bleibt direkt unter dem mit dem Ziel der Reise markierten Schild stehen.

Ich bleibe in Deckung, lasse mir den Fluchtweg offen.

»Um Egos willen, soll ich einfach heimgehen?«

»Kneifen gilt nicht, das schaffen wir schon. Sehen wir doch erst mal, wer da noch mitfährt.«

Ein Herr betritt den Schauplatz. Er ist nicht beige, jedoch sehr schüchtern. Unsicher blickt er um sich und parkt sich weit entfernt von dem Sammelschild ein. Eine Zeitung dient ihm als Sichtschutz. Bleierne Stille.

Doch plötzlich wird es laut. Der Mäusestrom ist nicht mehr aufzuhalten. Von rechts und links, von vorn und hinten wuselt es beigegrau zusammen und durcheinander. Es grüßt und küßt und lacht und umarmt.

»Sieht aus wie der gleiche Verein von vor drei Tagen«, brumme ich in mich hinein, halte mich aber immer noch bedeckt. Die letzte Fluchtmöglichkeit möchte ich mir nicht nehmen.

Jetzt erfolgt ein Großauftritt: der nächste Herr. Auch er nicht beigegrau, sondern gewählt salopp als Tourist verkleidet. Gleich drei Kameras baumeln vor seinem Bauch. Er winkt jovial. Die Mäusedamen stoßen spitze Schreie des Entzückens aus. Der Herr »Baron« ist da, verteilt Handküsse und läßt sich ausgiebig feiern.

Ich flüstere leise: »Ich halt's nicht aus. Ego, laß uns abhauen.«

»Denk an die Renaissance und an die Sonne und an Italien. Ich halte zu dir und schrumpfe auch sicher nicht ein, Ehrenwort! Laß uns die Show genießen.«

Der Reiseleiter, ein mageres Studentlein, gefolgt von einer mütterlichen Matrone, ganz offensichtlich seinem weiblichen Gegenstück, betritt die Bühne. Einige Mäuse machen sich gleich lieb Kind bei der Matrone. Es geht zu wie im Töchterpensionat. Daß die Matrone den Mäuschen die Wangen tätschelte, fehlte gerade noch. Offensichtlich ist sie für die »Mädels« verantwortlich, denn die beiden Herren umringen das Bürschchen, sofern zwei Männer überhaupt einen Ring bilden können.

Ich stehe noch immer herum und genieße die letzten Minuten des Alleinseins. Im Augenblick bin ich sehr froh, daß ich keiner Freundin, keinem Freund Rechenschaft über die beigegraue Mäuseschar ablegen oder mich gar entschuldigen muß.

Es wird zum Aufbruch geblasen. Die Menge bewegt sich auf den Bus zu. Es wird geschubst und gedrängt, nach der Freundin gewinkt. Es ist gerade so, als müßten am Ende einige stehen. Wahrscheinlich denken einige an das Spiel von der »Reise nach Jerusalem«, bei dem es immer einen Platz zuwenig gibt, bis am Ende der Geschickteste oder Robusteste den letzten Stuhl allein besetzt.

Nur der Baron läßt sich Zeit. Für ihn sind insgesamt vier Plätze an beigegrauer Seite reserviert. Drei Mäuse sind enttäuscht, eine vierte triumphiert.

Der Fahrer hat schon den Motor angelassen, als noch ein Ehepaar auftritt, ängstlich Hand in Hand aneinander geklammert. Obwohl die beiden vorschriftsmäßig beigegrau gekleidet sind, wirken sie angesichts der Single-Flut deplaziert. Das spüren sie auch, lassen sich daher nicht aus den Augen.

Der Auftritt verändert jedoch die jetzt endlich eingetretene Ordnung. Natürlich müssen die beiden zusammensitzen. Der emsige Baron springt auf und nützt die günstige Gelegenheit, den Platz und damit die Nachbarin zu wechseln. Die Verlassene kann dem triumphierenden Blick der neuen Herzensdame nur schwer standhalten. Dem Ehepaar nützt das gar nichts. Also stehe ich auf und setze mich kühn neben den Schüchternen, der sich sofort wieder hinter seiner Zeitung verschanzt.

Eine erste vorläufige Hackordnung ist hergestellt. Wir können starten.

Auf keiner meiner Alleinreisen habe ich mich so allein auf der Welt gefühlt. Hatte ich wirklich Nestwärme erwartet?

»Selber schuld«, murmelt Ego.

»Stimmt«, gebe ich zu und versuche, mich auf Italien und die Renaissance im weitesten Sinne zu konzentrieren. Renaissance... Wiedergeburt... Noch einmal zur Welt kommen... Sich wie neugeboren fühlen... Aber doch nicht in so einem Haufen.

Der Herr neben mir hat die Zeitung sicherlich ein Dutzend mal gelesen und wohl teilweise auswendig gelernt, als wir in Verona halten.

Er bedankt sich bei mir für die angenehme Gesellschaft. Beim Essen sitze ich wieder neben ihm. Wir schweigen bereits komplizenhaft. Wahrscheinlich geht es ihm wie mir. Ich finde diese stumme Nachbarschaft sehr angenehm.

Aus den gefalteten Mäusegesichtern ringsherum schälen sich allmählich lebendige und eher stumpfe Gesichter heraus, hier Güte, dort blanke Bosheit, hier Klugheit, dort Ignoranz. Ich höre Namen, höre Karrieren, Bruchstücke aus Biographien. Italien ist weiter entfernt als die Milchstraße.

Nach dem Essen treibt es mich in die Stadt. Ich wimmele erfolgreich alle Vergesellschaftungsversuche ab. Endlich bin ich in Italien angekommen. Es interessiert mich nicht, von

Ostasien, der Türkei, Amerika und anderen erfolgreich verlaufenen Reisen zu hören, ich will hier sein und nirgendwo anders. Doch das ist in einer Gruppe fast nicht möglich. Um so schöner der einsame Spaziergang durch die Stadt, der mir später eine Rüge von der Matrone einbringt. Als Frau geht man nicht abends allein in einer italienischen Stadt spazieren. Ich mache sie auf meine Volljährigkeit aufmerksam. Abgemeldet hatte ich mich, sie hat wohl nicht geglaubt, daß ich mich wirklich von der Truppe entferne.

Die folgenden Tage der Woche vergehen im Gleichmaß eines eng gefüllten Stundenplanes. Die Mäuse lassen sich weder durch die Renaissance noch durch Italien sonderlich beeindrucken. Man war ja schon viel weiter weg.

Ab und zu wird ein Gebäude, ein Altar, ein Bild mit »Ooh« oder »Aah« bedacht, doch die Rituale des Urlaubsalltags gewinnen immer wieder die Oberhand.

»Was tun wir jetzt?« – »Wann treffen wir uns?« – »Wann gibt es endlich etwas zu essen?« – »Wo schlafen wir heute nacht?« – »Frau B. bekommt immer die schönsten Zimmer.«

Die Damenschar an den Fersen des galanten Barons wechselt, schwillt an, schrumpft wieder ein. Der Baron scheint das kaum zu bemerken. Er korrigiert ständig den armen Kunsthistoriker, der brav das Programm abspult, für das er bezahlt wird. Seine Begeisterung hält sich in Grenzen, oder er zeigt sie nicht. Die Matrone sorgt sich, schleppt vergessene Handtaschen, Koffer, Hütchen und Reiseführer hinterher, auch sie läßt Italien mitsamt seiner Renaissance relativ kalt, wenn nur die Mäuse richtig untergebracht und verpflegt sind.

Ich vereinsame in diesen Tagen vollkommen, obwohl ich mit jedem spreche, mir unendliche Lebensgeschichten anhöre, Bekanntschaften schließe und ab und zu einen Abglanz des Landes erhasche, in dem wir uns befinden.

Innerlich lache und wüte ich abwechselnd, äußerlich bin ich pflegeleicht und gesittet.

Nur der Schüchterne erweist sich als belesener, kluger

Mann, der genau wie ich immer wieder auf »Abwege« gerät, auf der Suche nach dem schönen Land, das wir alle uns als Reiseziel erkoren hatten. Am Abend entwickeln sich zwischen ihm und mir die spärlichen Dialoge zweier einsamer Menschen inmitten einer stets präsenten Menge.

Ein Nest? Nein, das ist diese Gruppe für mich ganz bestimmt nicht. Wahrscheinlich jedoch für einige der anderen. Ein paar von ihnen haben am letzten Tag ihre Identität vollkommen verloren. Sie motzen, wollen nur noch essen und trinken, auf die Toilette, den nächsten Programmpunkt. Die Starken haben einen Club gegründet und bestimmen jetzt das Tempo und den Tagesablauf.

Wo ist nur Italien? Optisch wäre es auszumachen, verschwindet aber hinter einem Schleier von endlosem Geschwätz, von permanenter Organisation, die um so straffer wird, je mehr sich Teile der Gruppe absolut ins Netz fallen lassen.

Um Egos willen, das schon am zweiten Tag abzugleiten droht, fahlgrün und winzig in den Seilen hängt, behalte ich meine gute Laune, nicke nach links und rechts, lächle dabei automatisch und beende die Reise innerlich für mich allein. Äußerlich entferne ich mich immer wieder von der Truppe, suche meine Plätze am Rande der bedeutenden Sehenswürdigkeiten und genieße die etwas kleineren.

Am Ende der Reise habe ich mich eingerichtet, einige Menschen kennengelernt, einiges über die Spezies Mensch im allgemeinen dazugelernt. Ich bin Menschen nähergekommen, die zuerst wie Mäuse aussahen, und habe Mäuse gemieden, die Mäuse geblieben waren. Der Schüchterne ist genauso allein gereist wie ich. Das Ehepaar hat die Reise Hand in Hand überstanden.

Als wir zu Hause aus dem Bus steigen, wendet sich eine der Beigegrauen vertrauensvoll an die Matrone: »Und wo wohne ich hier?«

Mit einer Gruppe der Mäuseart habe ich es nie wieder versucht. Ganz anders erging es mir, wenn ich mich für ein Thema interessierte und daher für ein paar Tage oder länger mit einer Gruppe zusammentraf. An einem Ort zusammenzutreffen, um miteinander Sprachen zu lernen oder zu kochen, fiel mir leichter, da mehr Freiraum für Ego geboten war.

Vor ein paar Tagen fiel mir ein ganz besonderes Angebot in die Hände: Nackt reiten durch die Toskana – sicherlich ein hochinteressantes Programm. Ob man dabei eine Art von Nestgefühl entwickelt?

Intermezzo: Kleiner Kurs über die Nestwärme in der Gruppe

Situation: Du möchtest nicht allein fortfahren, weil das von dir angepeilte Land sich nicht dafür eignet oder weil du aus verschiedenen Gründen gerade diesen Urlaub lieber in Gesellschaft verbringen möchtest. Sei es, weil dir in deiner augenblicklichen Lage der Mut fehlt, dich allein auf die Walz zu begeben, sei es, weil du Menschen kennenlernen möchtest, um deinen Freundeskreis zu erweitern.

Nestwärme in der Gruppe zu suchen, mag auf den ersten Blick einfach erscheinen, birgt aber eine Menge Risiken.

Laß dich nicht unter Aufgabe deiner eigenen Persönlichkeit und deines eigenen Willens einfach in das Nest plumpsen. Das kann leicht dazu führen, daß du die Gruppe über-, dich selbst aber unterforderst.

Erwarte dein Urlaubsglück nicht von anderen, du wirst sonst Enttäuschungen erleben.

Erwarte zunächst einmal keine spontanen Freundschaften. Vielleicht findest du Menschen, die deinen Lebensweg weiter begleiten. Wenn nicht, dann ist es nicht deine Schuld oder die Schuld der anderen, sondern die Konstellation hat es nicht zugelassen.

Ich meine, es ist einfacher, sich allein einer Gruppe anzuschließen. Wenn es der Freundin oder dem Freund dort nicht gefällt, du dich aber wohl fühlst oder umgekehrt, wird es sicher ungute Auseinandersetzungen geben. Wenn du zum Beispiel genießen möchtest, deine Reisegefährtin aber Kummer hat, mußt du trösten und bist vielleicht darüber frustriert, daß du dich nicht amüsieren kannst.

Versuche, dich auf die anderen Mitglieder der Gruppe einzustellen, dich aber nicht gleich mit Haut und Haaren auf alles einzulassen. Behalte deine private Nische für dich.

Betrachte die wechselnden Konstellationen oder die Hackordnung innerhalb der Gruppe mit Humor. Hüte dich vor ständigen Urteilen. Du machst dir nur selber das Leben schwer.

Betrachte den Reiseleiter oder die Reiseleiterin nicht als Kindergärtner. Sie sollen Vermittler sein zwischen dem Land, das du bereist, und allen Mitgliedern der Gruppe. Die Einstellung »Dafür wird er schließlich bezahlt« bringt dich bestimmt nicht weiter und hebt weder deine noch seine Stimmung.

Lieblingskind des Reiseleiters zu sein, ihn ständig durch Zuspätkommen, durch Vergeßlichkeit, kleine Leiden auf Trab zu halten bringt zwar vermehrte Aufmerksamkeit, aber nicht gerade Sympathie ein.

Je erwachsener und selbständiger du dich verhältst, desto leichter wird dir das Zusammensein mit mehreren Menschen über längere Zeit fallen. Bewahre dir ein Stück Einsamkeit für dich.

Fazit: In der Gruppe gilt genauso wie beim Alleinreisen: Jeder einzelne ist seines eigenen Urlaubsglückes Schmied.

18. Kapitel

Der Härtetest

Nein, Ehrenwort, ich habe keinen Härtetest gewollt. Der ganze Aufwand um die sogenannten hohen Festtage, die zusammen mit meinem Geburtstag ab November Dauerstreß einbringen, ist mir alljährlich Härtetest genug.

Meine Absicht war, mich nach all dem sinnlosen Trubel ganz unfestlich auszuschlafen, weniger, wenn nicht gar Diät zu essen, durch die Wälder zu stapfen... und mich an Kino sattzusehen. Daher hatte ich mir ein ruhiges Hotel mit Schwimmbad und Kosmetikabteilung, ohne Disco und Animation, jedoch in der Nähe einer ausreichend großen österreichischen Stadt ausgesucht, wo ich tagsüber gesund leben und nachts meiner Filmsucht frönen wollte.

Routiniert habe ich dieses Mal meine Habe sortiert und neben einer halben Bibliothek eine Extraration Spielkarten, Unmengen von Schreibmaterial und drei Viertel meiner Wintergarderobe eingepackt – Schickes und Lässiges, Warmes und Weiches, etwas für die Sauna, etwas für den Pool und einiges für die Abende in der Halle oder im Zimmer.

Gutes Wetter, guten Weg, ruf mal an, paß gut auf dich auf... Der Sohn steckt mir noch zwei Pikkolo für trübe Anwandlungen in die Tasche.

Ego hängt schon vor der Abreise ziemlich schief. Ich muß ihm, muß mir zureden: »Das Ganze wird uns ganz unheimlich guttun. Ich fahre nur deinetwegen. Egopflege im tiefen Winter muß sein, noch vor dem Frühjahrsputz. Du siehst ja aus wie ein zerrupfter Weihnachtsengel nach einem Rekordflug.«

»Gut, o. k., ich lasse mich pflegen, aber paß ja gut auf mich auf. Wenn es so früh dunkel wird, kann ich verdammt unangenehm werden.«

Ich versuche, mich trotz der Einlassungen dieses Sauertopfs auf den Weg zu konzentrieren, um nach der vagen Beschreibung im Reiseprospekt mein unbekanntes Ziel noch vor Dunkelheit zu erreichen. Radio an, Cassette rein, Vogel Freiheit flieg, bitte, laß mich nicht im Stich. Die Musik bringt mich ins Lot. Fast hätte ich wieder Heldengesänge angestimmt, doch der graue Januartag treibt die Töne in meine Kehle zurück.

Da ist schon die Autobahnabfahrt, ein Stück Landstraße, dann das Hinweisschild auf mein Hotel. Es geht rechts ab. Eine enge Bergstraße, leicht vereist, windet sich hoch und höher. Der Teufel soll's holen nach all der Engelszeit: Was habe ich da nur gebucht und bezahlt?

Vor jeder Kehre denke ich »endlich« und danach »wieder nichts«. Noch ein Wald, noch eine Rauhreif-Wiese.

Ego hat sich irgendwo verkrümelt, sein Zustand ist nur als jämmerlich zu bezeichnen – und auch das ist noch stark untertrieben. Als einzige Erste-Hilfe-Maßnahme fällt mir nur ein Fluch ein, den ich das letzte Mal während meiner sogenannten Backfischzeit gebrauchte, um mich gegen die von mir verachteten Petticoats und Nylonstrümpfe zur Wehr zu setzen. Das erleichtert ungemein. Die Frage, was oder wen ich oben antreffe, stelle ich mir nicht mehr. Ich werde mich über niemanden ärgern ... es sei denn, jemand tritt mir direkt auf den Schlips.

Endlich, ganz oben, unter dem bleigrauen Himmel hängt ein großes Hotel wie ein Raumschiff. So etwas hätte auch genausogut unten stehen können.

Noch eine kleine Rutschpartie, und schon stehe ich auf dem spiegelglatten Parkplatz. Das Tal mit all den schönen Kinos ist gar nicht mehr zu sehen. Mühsam schliddere ich mit meinem Gepäck auf das Hotel zu.

Mit dem Koffer und dem Kopf voran stolpere ich in die Halle. Endlich Boden unter den Füßen! Drinnen ist es behaglich, warm und kuschelig. Wenn nur die Eiswüste draußen nicht wäre!

Mein Zimmer gefällt mir wie üblich zunächst gar nicht, doch mit ein paar Handgriffen habe ich das Chaos hergestellt, in dem ich mich während der nächsten sieben Tage einigermaßen wohl fühlen kann. Das Radio dudelt vor sich hin, und ich versuche anzukommen. Draußen heult der Sturm. Eine Polarexpedition hatte ich eigentlich nicht geplant.

Das Abendessen wird in Grüppchen eingenommen. An meinem Tisch sitzen zwei Fischhändlerinnen aus Norddeutschland und zwei einzelne Damen, die gequält an trokkenen Semmeln kauen und mein Abendessen mit den Augen verschlingen. Mit flinken Gabelschwüngen entreiße ich ihnen die Augenweide. Es wird viel über Fisch geredet. Die Semmeldamen grunzen mißmutig. Danach eilen sie pünktlich zu ihren diversen Fernsehverpflichtungen. Ich versuche, die Umgebung zu erkunden, es gibt nichts – nur Finsternis, Glatteis und ein starkes Gefälle. So »wohne« ich in meinem Zimmer, Ego schnurrt wie ein fetter Kater, und im Radio läuft ein schönes Konzert.

Am zweiten Tag scheint die Sonne. Unser Raumschiff schwebt über den Wolken. Es gibt kein Unten mehr. Ich schwebe zehn Zentimeter über dem Boden zum Frühstück. Jetzt heißt es, Zeit vergeuden – richtig verplempern. Leichte Angst vor dem Gespenst Langeweile, das die Semmeldamen schon fest im Griff hat. Die Fischhändlerinnen sind bei der heutigen Situation auf dem Heringsmarkt gelandet.

Am Empfang höre ich, daß der Gemüsehändler sein Auto gerade von einem Baum in Kurve vier kratzen muß. Und ich habe meine Taschentücher vergessen! Nur ruhig, Ego, wir schneuzen uns eben am Nachmittag, wenn die Straße befahrbar geworden ist. Zuerst einmal wird spazierengegangen. Es geht nur steil auf- oder abwärts. Ich genehmige mir einen Happen von jeder Sorte Weg. Ein Glück, daß wenigstens die Terrasse vollkommen waagerecht verläuft. Also entscheide ich mich für ein Bad in Sonne und Literatur.

Schweigen! Welch eine Wohltat nach all den guten Wünschen der letzten Tage. Alles abgegolten für ein ganzes Jahr.

Die vergessenen Taschentücher treiben mich dann doch noch zu Tal. Der Gemüsemann hat sein Auto entfernt, der schuldige Baum steht mit den Füßen im Kohl.

Unten empfängt mich ein grauer, feuchter Januartag. Die Stadt mit den Kinos, die erträumte Lichterstadt ist winterlich grau bis grausig, die Menschen haben rote Nasen, an denen kleine Eiszapfen hängen. Taschentücher sind leicht zu bekommen – es besteht offensichtlich Bedarf.

Mit dem Päckchen in der Tasche flüchte ich zum Wagen, bevor das Glatteis wieder einsetzt. Der Weg erscheint mir heute nur halb so lang wie gestern. Ich entwickle Heimatgefühle für mein Raumschiff, das mir zum Empfang Massagen und eine kosmetische Behandlung bietet. So läßt es sich leben.

Am Abend sind die Fischhändlerinnen bei der weltweiten Gewässerverschmutzung angelangt. Die Semmeldamen kauen immer noch mißmutig, ihre Blicke schneiden heute mein Fleisch in messerrückendünne Scheibchen. Bevor sie alles verschlingen, habe ich genüßlich gespeist.

Da ich keine TV-Serien-Verpflichtungen habe, kann ich die weite Hotelhalle genießen und mit den Fischhändlerinnen langsam vom Seefisch auf Gespräche über den fischessenden Menschen einschwenken. Am Abend ist es hier ganz gemütlich und bei weitem nicht so unheimlich. Nur nachdenken darf ich nicht. Vor allem nicht über das Tal und seine Annehmlichkeiten.

Am dritten Tag gibt es kein Draußen mehr. Nicht einmal die Terrasse ist zu sehen. Das Raumschiff hat abgehoben. Kein Berg, kein Tal... heute hat die Masseuse bei Kurve vier aufgegeben und ist lieber unten geblieben.

Nach einem unendlich langen Frühstück – der Zeitungsmann hat die Kurve geschafft – bleibe ich im Bett und hülle mich ganz und gar in die winterliche Watte ein. Buch und Bett und Radio – sonst nichts. Letzteres ist für mich ein neues Erlebnis, da ich schon seit Jahren zu Hause nicht mehr Radio höre. So lausche ich mich durch den Landfunk, den Hausfrauenfunk, den Schulfunk sowie zehn Nachrichten- und Magazinsendungen. Ein kurzer Blick auf Ego läßt mich extremes Wohlbefinden bei rosiger Farbe feststellen.

Die Semmeldamen am Abend sind schon ganz dünn,

hohläugig und verbittert. Die Langeweile knabbert sichtbar an ihnen. Doch heute scheint es eine Super-Pflichtserie zu geben. Noch kauend verabschieden sie sich. Die Fischhändlerinnen sind vom Menschen als Fischesser abgewichen und beim Menschen an sich angekommen. Im Hintergrund macht sich eine Seminargruppe bemerkbar, die Kommunikation übt. Die Teilnehmer wechseln von Tisch zu Tisch wie beim Bäumchen-wechsel-dich. Nach zwei Stunden haben wir kostenlos allerhand Lehrreiches über Zwischenmenschliches aufgeschnappt. Kommunikation bedeutet offensichtlich, daß man so lautstark miteinander redet, daß allen anderen die Lust an derselben vergeht.

Schließlich nimmt mich mein Zimmer nach so viel hochtrabender Menschlichkeit wie eine Mutter in die Arme. Allmählich atme ich so langsam wie ein Wal. Wo bleibt die Langeweile?

Am vierten Tag hat der Himmel ein Einsehen und reißt wieder einmal die Vorhänge auf. Offensichtlich muß oben einmal durchgelüftet werden. Mein Frühstück endet erst nach zwei Stunden. Das Seminar hat viel geträumt und setzt die Ergebnisse der Nacht kommunikativ um. Ich erhalte also auch noch ein kostenloses Traumseminar.

Die Masseuse hat heute alle Kurven geschafft und befaßt sich mit den meinen. Der Versuch eines Spaziergangs scheitert daran, daß ich mich für aufwärts entscheide, aber im Rückwärtsgang das Gegenteil erreiche. Also bleiben mir nur das dritte Buch, der Liegestuhl auf der Terrasse, das Bett, das Radio, das Essen. Heute sind sowohl die Semmelkauerinnen als auch die Fischhändlerinnen unabkömmlich. Eine Riesenhalle, ein winziges Achterl Wein und die Begegnung mit den herben Schicksalen der Prominenten dieser Welt in den zahllosen zerlesenen Erzeugnissen der Regenbogenpresse lassen den Abend wie im Flug vergehen. Das Seminar hat heute Ausgang, also gibt es unterrichtsfrei auch für mich.

Endlich am fünften Tag wird es erwartungsgemäß in mir dunkel. Irgendwie hatte ich auf den anthrazitgrauen Tag gewartet, meinte schon, irgend etwas funktioniere nicht mit mir. In dieser Einöde gibt es kein Netz. Also hinein in die düstere Stimmung. Draußen wabert nicht nur der Nebel, es schneit auch noch aus dem Gewaber heraus. Meine schüchterne Frage nach einem Schneeräumgerät wird an der Rezeption mit einem Achselzucken beantwortet. Leb wohl, du schöne Welt, lebt wohl, ihr Freunde, ihr Söhne, ihr Menschen, die ich liebe. Der Zeitungsmann, die Masseuse und der Gemüsehändler haben heute schon vor Kurve eins aufgegeben. Wir leben in einem Watteschloß.

Das Frühstück schmeckt nicht, nur die Horizontale bietet eine gewissen Sicherheit. Bett – Schwimmbad – Bett, Buch – Spielkarten – Radio. Ein Spaziergang um das Haus, zehnmal, immer im engen Körperkontakt mit dem schützenden Gebäude. Telefongespräche nach Hause stellen unwirkliche Kontakte her. Nie wieder? Vielleicht erst im Frühjahr.

Die Semmeldamen erscheinen nicht zum Abendessen, auch den Fischhändlerinnen hat es den Appetit verschlagen. Es herrscht wattiges Schweigen. Plötzlich – ein Wunder! Von der Bar gegenüber ertönt kreischende Musik. Ich wate zusammen mit den beiden Norddeutschen durch dicke Schneemassen hinüber. Das Seminar feiert! Siebzehn Männer und vier Frauen haben die Kommunikation begriffen und üben sie jetzt in hitzigen Tänzen, das heißt, jeweils vier Männer und vier Frauen schwitzen redlich auf dem Parkett. Wir Fremdlinge stören. Es muß wohl sehr schwer sein, nach hartem Kommunikationstraining guten Abend zu sagen. Uns drei Frauen bleibt nichts anderes übrig, als uns ganz separat in die Flasche fallen zu lassen. So erhalten die Fischprobleme dieser Welt eine reale, das heißt feuchte Basis. In diesem Zustand löst sich der graue Tag ganz von allein auf.

Der sechste Tag sieht mich gestärkt, zwar verkatert, aber nicht mehr verängstigt. Mit dicken Stiefeln wandere ich hinauf und hinab, lasse das Raumschiff erstmals aus den Augen. Die Masseuse, der Zeitungsmann und der Gemüsehändler haben mit einem kettenbewehrten Unimog die Auffahrt geschafft. Die Verbindung zur Erde ist wiederhergestellt.

Ich bin süchtig nach Kommunikation, telefoniere, schalte das Radio ein, später sogar den Fernseher. Plötzlich will ich wieder wissen, wie es »unten« aussieht. Dort geht es ganz normal zu. Keiner hat von unserem Raumschiff Notiz genommen. Das Schweigen wird zur Gewohnheit, das vierte Buch geht seinem Ende zu, der Gang zum Schwimmbad erscheint mir fast unzumutbar lang. Der Tag fliegt vorüber.

Am Abend ziehen sich die Fischhändlerinnen früh zurück. Heute läuft »ihre« Serie. Dafür ist eine der Semmelesserinnen zu neuem Leben erwacht. Ich fasse mir ein Herz und frage sie, ob sie heute abend mit mir plaudern möchte. Sie ist ganz glücklich, denn sie hat schon all die Tage auf eine Aufforderung in dieser Richtung gewartet. Sie erweist sich als durchaus liebenswerte Dame aus Hessen, die sich hier von den Schweinebraten der heimischen Gastwirtschaft erholt. Ein Pluspunkt geht an Ego, das mich zu der »Anmache« ermutigt hat. Das Seminar macht sich dank seiner frisch erworbenen Kenntnisse mit Küßchen-Küßchen und viel Geschrei aus dem Staub.

Der siebente Tag löst mich aus dem Raumschiff heraus. Es ist der letzte. Schon betrachte ich alles mit abschiednehmendem, feuchtem Hundeblick. Von zu Hause wird mir eine Einladung durchtelefoniert. In zwei Stunden könnte ich dort sein. Soll ich sofort aufbrechen? Nein, mir ist dies alles plötzlich ans Herz gewachsen. Ich beschließe, den letzten Tag noch hier oben zu verleben. Es ist doch so schön! Reine Natur, wenn auch der Jahreszeit gemäß trübe und grau. Was soll mir die Party? Nach dem Frühstück, zu dem ich drei Zeitungen konsumiere, mache ich meine erste lange Wanderung mit der Semmelesserin vom Vorabend. Als es dunkel wird, schwimme ich, trimme mich im Fitneßraum, nehme ein Dampfbad, bräune im Solarium, bade, dusche, wasche mir die Haare, mache mich hübsch zum Essen, genieße das Mahl. Die Semmeldamen wünschen guten Appetit. Keine geht heute zum Fernsehen. Wir alle verbringen den Abend in der Halle, die Semmelesserinnen bei warmer Brühe, die Fischhändlerinnen und ich bei kühlem Sekt. Stimmung kommt auf. Der letzte Tag – ein kurzer Tag.

Am Morgen des achten Tages regnet es erstmals in Strömen. Das Eis der letzten Tage wird einfach fortgespült. Quietschvergnügt packe ich meine Spiel- und meine Siebensachen ein, frühstücke ein letztes Mal mit den Damen. Es herrscht Aufbruchsstimmung. Herzlicher Abschied, doch keine einengenden Kontakte.

Ego platzt vor Stolz, der Vogel Freiheit, der hier oben eine eher bescheidene Rolle gespielt hat, zwitschert auf dem Weg ins Tal, zu den Städten, zu den Kinos, zu den Freunden, zu den Kindern...

Intermezzo: Kleiner Kurs für Fortgeschrittene

Situation: Du begibst dich unabsichtlich in eine Lage, in der du ganz auf dich allein gestellt bist. Oder dich sticht als erfahrene Single-Touristin der Hafer, und du möchtest in deine Urlaubsplanung eine sportliche Variante bringen – ohne Sport als Leibesübung zu verstehen.

Überlege dir am besten schon vorher, was du in der Einsamkeit mit dir anfangen kannst, und richte dein Gepäck danach ein. Du brauchst vielleicht ein paar mehr Requisiten.

Wähle eine Zeit, in der du mit dir selbst einigermaßen im reinen bist. Dann und nur dann wirst du eine Steigerung deiner Erlebnisfähigkeit erfahren. Sag die Reise ab, wenn du vor der Stille oder, schlimmer noch, vor dir selbst Angst bekommst.

Setz die Dauer deines Aufenthalts um einiges zu kurz an. Wenn du beginnst, die Tage zu zählen, hast du verloren.

Zur sportlichen Variante: Wähle einen abgelegenen Ort – eine kleine, wenig bevölkerte Insel, einen einsamen Bauernhof, ein Berghotel, ohne Disco, ohne Kino, ohne eine größere Stadt in der Nähe. Mach dich innerlich vom Wetter unabhängig.

Nütze unter eingeschränkten äußeren Bedingungen alle Möglichkeiten aus, dir Freude und Entspannung zu verschaffen. Da die Möglichkeiten begrenzt sind, kannst und mußt du sie um so intensiver nutzen.

Fazit: Du wirst gestählt zurückkehren wie nach einem Fitneß-Training. Du weißt jetzt, was du alles ohne Hilfe von außen mit dir anfangen kannst, und siehst dem »normalen« Single-Alltag mit all seinen Wechselfällen mit großer Gelassenheit entgegen.

Nachspiel: Vom Auspacken

Das weit geöffnete Koffermaul entsendet Urlaubsdüfte. Ich habe allerhand Kräuter mitgebracht, das Badezeug riecht noch nach Meer, und der Käse kämpft mit einigem Erfolg gegen das herbfrische Sonnenschutzmittel, das den Kleidern noch anhaftet.

»Na, denn pack mal aus«, sagt Klaus-Carl gönnerhaft, »wie war es denn?«

Die Frage kann ich nicht ausstehen. Es war die stereotype Frage meiner Mutter nach jedem Schulbesuch gewesen.

»Schön«, antworte ich heute wie damals. Die Frage gilt zwar zwei völlig unterschiedlichen Erlebnissen, doch die Antwort genügt in beiden Fällen, da nicht mehr erwartet wird.

»Wetter?« fragt Klaus-Carl.

»Auch schön.« Gemessen am Interesse des Fragers wiederum eine absolut ausreichende Antwort.

»Glück gehabt. Leute kennengelernt?«

Vorsicht, Klaus-Carl, der Katalog ist gleich zu Ende. Was reden wir dann?

»Hm«, antworte ich schmunzelnd.

»Nett?«

»Ganz nett.«

Jetzt weiß Klaus-Carl nicht mehr weiter. Er sieht mich irritiert an. Ich mag nicht weiter auspacken. Bereue fast, ihn gleich angerufen zu haben.

Die Wohnung hatte mich mit dem leicht muffigen Geruch vernachlässigter Räume und Pflanzen empfangen. Willkommensgrüße von den Kindern hatten auf meinem Schreibtisch gelegen, der Anrufbeantworter war mit längst überholten Telefonaten überfüttert, die Post hatte aus Urlaubsgrüßen, Rechnungen und viel Werbung bestanden.

Gewohnheitsgemäß hatte ich mich ans Telefon gesetzt, um meine glückliche Rückkehr zu melden, doch niemand war zu erreichen, kein Komitee zum Empfang bereit gewesen. Eigentlich hätte ich ruhig mein Alleinsein noch etwas fortsetzen können, meine Erfahrungen in dieser Beziehung waren nicht die schlechtesten gewesen, und ich fühlte mich topfit. Doch mir war Klaus-Carl mit seinen Bemerkungen vor dem Urlaub eingefallen. Ihn hatte ich erreicht, und jetzt sitzt er da und füttert meinen Masochismus mit erwartungsgemäß öden Fragen.

»Dann war dir wenigstens nicht langweilig«, meint er abschließend, wobei er unruhig auf dem Stuhl hin- und herrutscht. Meine Einsilbigkeit irritiert ihn.

»Nein, mir war eigentlich nie langweilig, und erholt habe ich mich sehr gut. Laß mich erst mal ankommen, vielleicht erzähle ich dir ein andermal mehr.«

Plötzlich leuchtet sein Gesicht auf.

»Komm doch heute abend mit auf die Party von Fritz und Marianne. Ein bißchen Gesellschaft wird dir guttun. Du mußt dringend aufgetaut werden. In einer Stunde treffen wir uns dort.«

Ja, Klaus-Carl, ich bin vielleicht ein bißchen still geworden, doch ich finde meine Sprache sicherlich wieder. Laß mir nur ein bißchen Zeit. Bei Fritz und Marianne treffen sich immer lustige Leute, die sicherlich auch nett sind, aber was bedeutet schon nett in einer Gesellschaft, in der es fast allen gutgeht?

Egal, ich freue mich, daß der erste Abend verplant ist, sonst fange ich wirklich noch an zu spinnen.

Pünktlich eine Stunde später finde ich mich im Garten der beiden netten Leute ein. Viele nette Gäste – vorzugsweise in Weiß gekleidet, die Gesichter im Dunkel, denn der Garten ist spärlich beleuchtet. Es braucht auch keine Gesichter, die weiße Kleidung genügt als Ausdruck einer sorglosen Menge mit Gläsern in der Hand. Wer sieht dem anderen schon ins Gesicht?

Die Gastgeber sind nicht zu sehen. Vielleicht habe ich die Adresse verwechselt? Ich sage hier und da guten Abend, zerstreut nickt man zurück. Es ist egal, ob man jemanden kennt, und wenn das zufällig der Fall ist, nickt der eine oder andere etwas herzlicher. Bei längerer Bekanntschaft fällt schon einmal ein »Guten Abend, wie geht's?« ab, wobei keine Antwort erwartet wird. Sehr praktisch, denn ich bin heute maulfaul.

Die Gastgeber sind offenbar ins Bett oder ins Theater gegangen, haben ein Fest gezündet wie eine Lunte, und jetzt werden sie nicht mehr gebraucht, solange genug zu essen und zu trinken da ist und jeder die Toilette findet.

Ich irre zwischen den Festgästen umher, die ab und zu scheinbar grundlos in wieherndes Gelächter ausbrechen. Wahrscheinlich tun sie das, um ihre hervorragend gepflegten Zähne zur Schau zu stellen oder um zwischen Häppchenkauen und Schlückchentrinken eine Ruhepause einzulegen.

Zum erstenmal seit meiner Abreise fühle ich mich tödlich einsam.

Doch da winkt Klaus-Carl aus einer Gruppe zu mir herüber. »Hallo, endlich bist du da. Ich habe den anderen schon alles über deine tolle Reise erzählt.«

Jetzt wundere ich mich über nichts mehr.

»Wie schön«, sage ich höflich und nicke der Gruppe zu.

»Und Sie haben so tolle Leute da unten kennengelernt? Da haben Sie ja ein Mordsglück gehabt. So ganz allein losfahren und dann noch so tolle Leute... Man stelle sich das mal vor!«

»Jeden Abend ausgehen und dann noch so erholt aussehen«, meint eine weißgewandete Blondine neidisch. »Schatzi«, sie wendet sich an einen graumelierten Herrn im obligaten weißen Gewand, »laß mich doch auch mal allein wegfahren.«

Der Graumelierte hört nicht zu, denn er ist gerade in ein Gespräch über neue Computer verstrickt.

»Aber, ich habe doch gar nicht...«, versuche ich einzuwenden.

»Nur keine falsche Bescheidenheit, stellen Sie Ihr Licht nicht unter den Scheffel. Sie sind ja eine ganz Mutige.«

»Überhaupt nicht«, flüstere ich.

»Was hat sie denn gemacht?« fragt ein Neuankömmling gelangweilt.

»Ist allein weggefahren, hat tolle Leute kennengelernt, war jeden Tag beim Surfen, beim Tanzen und...«

Mich treffen fragende Blicke.

»Ja, ja«, sage ich müde, »es war schon toll.«

»Um Himmels willen«, kreischt die neue Dame, »hätten Sie doch vorher etwas gesagt. Ich fliege nächste Woche mit meinem Mann nach Mallorca. Da hätten wir Sie doch glatt mitnehmen können. Wissen Sie, zu Weihnachten laden wir nämlich immer irgendeinen armen Single aus dem Büro ein. Mein Mann meint sogar, wir sollten mal eine Flüchtlingsfamilie...«

»Hallo, was ist denn?«

Doch ich bin schon an der Gartenpforte. Fritz und Marianne sind immer noch nicht zu sehen. So kann ich mich nicht einmal bedanken.

»Wurde Zeit, daß wir abgehauen sind«, flüstert Ego, schneeweiß und krümelig. »Wofür wolltest du dich eigentlich bedanken?«

»Sie haben schließlich die Gartenpforte für mich geöffnet. Für meinen Obulus in Form einer Flasche Sekt habe ich zwei Gläser Sekt getrunken und ein Kotelett gegessen – mit Kartoffelsalat. Und ich habe wieder gespürt, wie sich Einsamkeit anfühlt.«

Selbstgespräch zu Hause

»Warum bin ich eigentlich überhaupt verreist? Warum habe ich mich all den Unbequemlichkeiten und Ängsten einer Reise ausgesetzt? Warum habe ich mich zu meinem Vergnügen mit dem wenigen begnügt, was in meinem Koffer steckte? Wozu all der Streß mit fremden Betten, fremden Zimmern, fremden Sprachen und fremden Menschen?«

»Wahrscheinlich wollte ich auf andere Gedanken kommen.«

»Auf andere als meine?«

»Stimmt, andere kann ich ja gar nicht produzieren. Nur wenn ich ein Buch lese, kann ich andere Gedanken nachvollziehen. Lesen kann ich aber genausogut zu Hause.«

»Dann war das Ganze also sinnlos?«

»Nicht ganz. Vielleicht wollte ich mal frei mit meinen Gedanken spielen...«

»Und das kann ich zu Hause nicht?«

»Seltsamerweise nicht. Immer bin ich verfügbar, einsatzbereit. Ich führe das, was man auf Todesanzeigen ein erfülltes Leben nennt.«

»Habe ich mein Leben ausgeleert wie einen gebrauchten Putzkübel, frisches Wasser eingefüllt und ein neues begonnen?«

»Das mit dem neuen Leben ist eigentlich Unsinn. Ich habe schließlich nur eines, an dem ich fortwährend weiterstricke. Aufrebbeln und die Maschen neu anschlagen gilt nicht. Wenn ich Glück habe, kann ich am Ende die Maschen noch in Ruhe abketten...«

»Und was hat das jetzt wieder mit dem Reisen zu tun?«

»Reisen heißt vielleicht weiterleben unter neuen Aspekten. Nicht weiterwursteln mit der grauen Wolle, sondern ein paar Farbtupfer einfügen. Die Schönheit der Natur... Jeden Tag Natur erleben, dafür nehme ich allerhand auf mich...«

»Nütze ich die Natur auch richtig? Das Meer, die Seen als Badewannen mit Strandblick, den Sand als Baumaterial, die Wiesen als Blumenlieferanten für schnell welkende Sträuße, die Berge zum Besteigen und im Winter zum Herunterrutschen, den Wind als Booteschieber, die Sonne als Ofen mit Bräunungseffekt?«

»Sicherlich habe ich das auch getan. Doch wehe, wenn es blitzt und donnert, stürmt und regnet. Dann muß die Natur draußen bleiben wie ein böses, ungebärdiges Kind, während ich mich im Zimmer verkrieche...«

»Wie ein ängstliches Kind. Fern von zu Hause, von der Familie, den Freunden. Gewogen und zu leicht befunden.«

»Zu leicht und zu klein. Hat Reisen vielleicht etwas mit Maßnehmen zu tun? Seine Wertvorstellungen überprüfen, Sorgen und Kummer, Liebe und Freude neu vermessen?«

»Ich glaube, auch das ist es, was mich immer wieder in die Ferne treibt, sei es auch noch so unbequem, aufwendig und manchmal auch streßbeladen. Gestärkt bin ich allemal zurückgekehrt. Das Auf und Ab, mal obenauf, mal nahe am Untergehen...«

»Wenn ich daran denke, fällt mir immer die Geschichte mit dem Bernhardiner ein. Der Riesenhund saß mitten im Gebirge vor einer geschlossenen Almhütte. Er bellte, und ich brüllte... Vor Angst natürlich. Der Bernhardiner blieb sitzen. Vielleicht sollte ich auch hier einmal die Stimme erheben? Wenn ich nicht allein gewesen wäre, hätte ich die Lösung des Problems dem oder den anderen überlassen und wäre nur zitternd weitergegangen.«

»Und jetzt bin ich wieder daheim, angefüllt mit Bildern von Sonnenschein und Regen, von Blumen und Bäumen, von fremden Menschen und einer Reihe von bestandenen Abenteuern. Wie schön ist es, wieder daheim zu sein. Ein neues Leben gibt es nicht, doch die Kräfte sind runderneuert. Keine rosarote Brille, doch eine neue, die mir gut steht und meinen Blick geschärft hat.«

»Und wann geht es wieder auf die Walz?«

»Wenn ich merke, daß ich mit grauer Wolle stricke.«

»Ich danke mir für das Selbstgespräch.«